민음의 시 ● 336

개안수술집도록

함기석 시집

민음사

자서(自序)

찢긴 마음 땅에 묻고
눈물 훔치니

내내 묵연(默然)하여 희다
산천아 날개 펴고 훨훨 날아가라

마른 이끼로 뒤덮일 찬 석비 하나 또
햇빛 속에 세우니

우리는 살아서 몇 번의 장례를 치러야 할까

2025년 9월
함기석

차 례

병동 k

병동 0

병동 r

병동 k

開眼手術執刀錄

— 執刀 第23

잠자는 라이프 교수 곁엔 와이프, 서늘한 나이프다 그녀 머리맡엔 차고 흰 접시, 교수의 귀에서 흘러나온 붉은 꿈이 학술적 사과의 자세로 놓여 있다 아내의 잠에서 탈옥한 까마귀가 사과를 쪼고 있다 그때마다 차고 위의 달이 흰 피를 흘린다 새벽녘 교수는 식은땀을 흘리며 눈을 뜬다 와이프는 은빛 나이프 자세로 요염하게 잠들어 있다 방금 꿈에서 목격한 고속도로의 죽은 말처럼, 검붉은 눈알 두 개가 창밖 사과나무에서 침실을 엿보고 있다 어떤 잠은 생살이 한 겹 한 겹 연어 살처럼 저미어져 쌓인 회 접시, 사람의 입술이 닿지 못하는 얼음 섬이야 교수는 혼잣말을 하고 담배 연기를 길게 뱉는다 달은 폐가 따끔거리고 어둠 속에서 초토의 행성 닮은 얼굴 하나 사과 껍질 도르르 벗겨지며 지붕으로 떨어진다 물컹물컹 와이프 눈에선 시퍼런 잠이 흘러나와 침대보를 적시고

開眼手術執刀錄

— 執刀 第24

펜을 쥔 오른손이 절단되어 백지에 떨어진다 창백한 공항이다 글자들은 모두 여객기가 되어 이륙하고 없다 텅 빈 활주로에 누워 손은 꿈틀거린다 뒤집어진 거미처럼 버둥거린다 손가락을 움직여 거품 피를 뿜는다 허공에 거미줄 집을 지어 떠나간 왼손을 찾는다 총을 쥔 왼손을 찾는다 눈이 내린다 엉킨 거미줄 사이로 눈이 내린다 눈은 눈의 항거다 하얀 폭동이다 수천 마리 물고기고 흰 건반이다 눈은 눈을 없애는 탄환이다 지뢰다 언제 터질지 모르는 말줄임표다 백색 마침표다 눈이 언다 바닥이 언다 왼손은 끝끝내 보이지 않는다 그래도 펜을 놓지 않고 손은 계속 짝을 찾는다 황량한 공항이다 백골 묻힌 땅 백지(白地)다 펜을 움켜쥔 손이 하나 체온 잃은 백지 속에서 얼어가는 겨울밤이다

開眼手術執刀錄

— 執刀 第25

이 시는 첫 문장부터 곰팡이가 피어 있다 청주시다 산남동 법원 정문에 곰팡이 핀 노부부가 목발을 짚고 서 있다 눈도 코도 입도 모두 곰팡이 핀 어휘들이다 허공을 떠도는 찬 눈발처럼 이 시는 상징도 은유도 없다 얼굴이 없다 청주시다 이 시에서 나는 폐허가 된 말의 유적지를 떠도는 먼지이고 제거된 마침표다 소송을 소송할 수 없고 심판을 심판할 수 없는 검은 입술이다 도로엔 찢어진 법전이 뒹굴고 힘없는 날벌레들의 주검만 자동차 바큇자국에 짓눌려 있다 찢어진 하늘에 꽃눈이 흩날리고 뱀처럼 바닥을 사는 자들의 메마른 몸과 침묵 들, 누가 또 불길한 징역을 선고 받고 말을 잃는다 곰팡이 핀 내 시의 음부처럼, 법원 울타리 따라 울음들이 노란 개나리 꽃빛으로 은폐되고 있다 노부부의 울음이 4월의 눈발처럼 흩날리는 도시다 이 시는 마지막 문장까지 곰팡이로 덮여 있다

開眼手術執刀錄

— 執刀 第26

메스를 쥔 부검의 눈에 클로즈업된다 알몸의 사이언스 양의 사체, 등에 긴 지퍼가 달려 있다 지퍼를 열자 척추 굽은 해안선이 보이고 검붉은 노을이 번져 온다 어린 들쥐들이 간과 내장을 쏠아 먹고 있다 햇빛이 흰 이빨을 내보이며 깔깔거리는 벼랑, 핀셋 닮은 새들이 날고 백사장엔 아무도 없다 언덕 밑엔 치욕이 목을 분질러 버린 성당과 허파를 닮은 해바라기 꽃밭, 영혼결혼식이 열리고 있다 죽은 신랑의 얼굴엔 불가사리가 붙어 있고 신부의 몸에선 미역이 하늘하늘 자란다 공중엔 해 대신 인공 심장이 하나 풍선처럼 터질 듯 떠 있다 두 개의 섬은 망자의 탈골된 무릎, 1초 1초 1초…… 식장 가득 울려 퍼지는 파도의 축송, 시계 소리에 맞춰 한 방울 한 방울 피가 부검의 발등에 떨어지고 신부가 던진 꽃다발 부케를 죽음이 받고 있다 식이 끝나자 해바라기 목들이 둥둥 북쪽 하늘로 떠가고 신부가 홀로 흰 장갑을 낀 채 텅 빈 모래밭에 오래도록 서 있다

開眼手術執刀錄

— 執刀 第27

영국 외신 기자 타임 씨가 칼에 찔려 명동 지하도에 쓰러져 있다 밤공기가 검은 모피 코트를 벗어 그의 얼굴을 덮어 준다 죽은 귀에 울리는 광시곡처럼 밤하늘을 날아가는 나비들, 뉴스는 매일매일 변태 중인 갑충이어서 칼날은 코리아의 썩은 폐부를 살짝 빗겨 나가 그의 왼쪽 폐를 찌른 것 지하도 시계 상점에서 색색의 시계들이 합창한다 소문은 점점 혈흔이 낭자해지고 사체의 눈에서 돋아난 나팔꽃 줄기가 지하도 계단을 타고 빌딩을 타고 마천루를 지나 하늘로 뻗어 간다 먼 이국의 땅에서 죽은 타임 씨의 파란 입술, 이 도시는 하루 세 번 죽은 시계를 낳는 거미 노파다 지하상가에서 붉은 수염투성이 메기들이 헤엄쳐 나오고 타임 씨의 죽음을 취재하려 기자들이 몰려온다 시계들의 합창 소리 점점 커진다

開眼手術執刀錄

— 執刀 第28

저 야생 장미는 혈맹단원 사자다 협곡 따라 신이 잃은 눈동자가 붉게 빛나고 있다 향기는 암울한 신념이니 내 군홧발이 닿는 꽃길은 사자(死者)의 갈기 속 흩날리는 아시아 반도다 죽은 어미 곁을 떠나지 못하는 새끼 양의 울음에 저녁 하늘이 핏빛으로 젖고 있다 이빨로 하늘 목덜미를 물어뜯던 꽃아 살점은 다 뜯기고 뼈만 남은 이 전장에서 나도 순서를 기다리는 짐승 문간(文間)이다 마(魔)의 산이다 골짜기마다 병사들 썩는 냄새, 우리를 사육하는 우리를 보지 못하는 백치의 우리는 치정의 백지다 정치는 질병과 피로 물든 성경책이고 총의 화원(花園), 실성한 빛이 출렁이는 야만의 산야 가득 잔인한 건기가 계속되고 있다 남북 포식자들의 혀에서 하이에나 발톱이 돋는 예배일이다 색도 향도 몸도 잠도 다 빼앗긴 성령의 장미야 너는 오지 않을 장마다 염세주의자 염라의 웃는 권총이다 으르렁 방아쇠를 당겨 미소 짓는 미소(美蘇)의 미간을 관통하라

開眼手術執刀錄

— 執刀 第29

누나의 귓속을 맴돌던 신의 밀어들이 매형의 간처럼 굳어 가고 있다 누난 체온 잃은 손으로 배를 문질러 중병을 녹이려 애쓰지만 딱딱한 하늘에서 흘러내리는 건 시퍼런 식은땀 비, 병 조각 깔린 잠 속의 걸음걸음이 아파서 이 부부는 무더운 혹한이다 찌르고 엉키며 웃는 반몸들, 기이한 평화 반도다 미(美)의 손이 전지가위로 가시 돋친 혀를 싹둑 잘라내자 중(中)의 성기가 붉은 뱀으로 길게 자라나 목을 휘감아 죈다 창밖은 불길한 외신 뉴스가 펴지는 세균 거리, 낮달이 현대백화점 지나 경복궁 지나 청와대 지나 콜걸의 걸음으로 나를 문병(文病) 오는 여긴 반도의 간이다 중병이 끝끝내 무병인 혹한 염천 신도시, 가족 온실 밖에 버려진 눈사람 하나 눈 뒤집힌 신처럼 신 피를 흘리고

開眼手術執刀錄

— 執刀 第30

나는 지금 아이슬란드다 이 얼음의 벌판에 노을은 없다 집도 길도 한 줄기 달빛도 없다 천공을 뚫고 날아온 새는 그대로 빙산에 박혀 얼음 화석이 된다 설원 가득 내 선조들의 뼈가 낡은 족보처럼 펄럭일 뿐 이 황량한 벌판엔 안식의 그루터기가 없다 광포한 어둠이 굶주린 들개처럼 울어 댈 뿐 아이들 노랫소리가 없다 새소리도 없다 나는 아이슬란드다 머나먼 유배의 섬 북쪽 해변이다 굶주린 어미 곰 한 마리가 새끼 둘을 데리고 폭설 속을 배회하고 있다 울지 말자 울지 말자 인간은 누구나 외로운 극지다 바람의 눈동자조차 읽을 수 없는 깨진 비문들이다 얼음의 묘비들만 즐비한 빙하 지대, 설원의 지평선을 향해 찍히는 어린 곰들의 발자국 위로 차곡차곡 눈이 쌓이고 있다 환영(幻影)처럼 따신 흰 밥알 눈송이들

開眼手術執刀錄

— 執刀 第31

의안(義眼)의 사내가 비의 사슬에 묶여 하구로 떠내려온다 섹스 후 해마 자세로 등 돌리고 잠든 부부처럼 주야는 내연이다 밤의 대기는 요색(夭色) 구렁이, 요염한 뒤태로 흐르다 대가릴 틀어 마비된 도시의 뒷목을 깨문다 서서히 독이 퍼지는 하늘, 벡터 공간을 녹여 잡아먹는 쌍둥이 벡터 공간이다 달은 거북 눈이 되어 어시장 지붕을 떠가고 점점 병색이 짙어지는 유리 병동, 하하! 끈끈이에 붙은 쥐처럼 환락과 환각에 살이 붙어 꿈이 조작되는 도시 Inception Seoul, 천지도 일월(日月)도 죽음의 내연기관이다 뺑 뺑 구멍 뚫린 하늘에서 하늘하늘 사람 머리칼이 내리고 검찰청 지붕 위로 흰 장의조가 날고 있다 비닐에 묶인 여아가 또 하구로 떠내려온다 강변의 마른 나무엔 사납게 펄럭이는 피 묻은 브래지어

開眼手術執刀錄

— 執刀 第32

코리아증권사 빌딩 화단에 떨어져 있다 13층 난간에서 떨어진 빨간 사과 한 알, 누구의 머리일까 누구의 파산한 마음일까 누구의 꿈이 저렇게 발가벗겨져 능욕당하는 걸까 광대뼈엔 깊은 칼자국이 나 있고 눈의 핏줄들이 터져 재벌 파뿌리처럼 엉켜 있다 자살일까 타살일까 음모일까 위장일까 걸음을 멈추고 내가 쳐다보는 동안에도 애처로운 눈동자를 이리저리 굴리며 달아난 팔다리를 찾고 있다 몸통을 찾고 있다 피 칠된 이마엔 도깨비 햇빛 바늘이 촘촘히 꽂혀 있고 짓무른 귓속으로 개미와 지렁이 들이 들락거리는 사과 한 알, 점점 붉게 익어 가는 죽음을 끌어안고 빨간 사과로부터 점점 멀어지는 빨간 사과라는 이름의 법의학 물체, 부패할수록 점점 선명해지는 냄새 환해질수록 점점 어두워지는 사건

開眼手術執刀錄

— 執刀 第33

검은 기름에 젖은 물새처럼 새벽이 파닥거린다 수갑 찬 잠에서 깨어난다 파생 상품 딜러인 D, 시계 달린 거울 D를 본다 유리의 늪이다 D는 없고 얼굴이 미국 이끼로 뒤덮인 미라 D가 빠져 있다 가슴엔 숫자와 그래프, 나스닥 차트가 문신되어 있고 등엔 초침들이 꽂혀 있다 그가 팔을 뻗자 미라는 그의 손을 움켜쥐고 점점 늪 속의 매장으로 매장되며 미끄러진다 이끼들이 아메바처럼 흐늘흐늘 움직이며 회색 피를 뿜는다 미라의 입엔 반 토막 난 혀, D가 힘껏 당기자 손가락들은 모두 황금박쥐가 되어 거울 밖으로 쏟아진다 그의 눈을 할퀴고는 창밖 여의도 밤하늘로 날아간다 D는 박쥐들이 날아간 국회의사당과 성모병원 장례식장을 바라본다 옥상에 항생제 알약 닮은 반달 D가 떠 있고 수갑 찬 두 손이 머플러처럼 나풀거린다 D는 D를 떼어 발코니에서 장외(場外)로 던진다 중독된 잠은 바닥으로 떨어지지 않고 백지수표처럼 둥둥 달빛 속을 떠간다

開眼手術執刀錄

— 執刀 第34

사과꽃이 하얗게 필 때 중학생 미혼모가 15층 난간에서 갓 출산한 아이를 던졌다 꽃향기에 취해 벌들은 붕붕거리는데 아파트 바닥에 떨어진 박스에서 흘러나온 어린 피가 기묘한 왕국의 기묘한 지도를 그렸다 봄바람 타고 하늘은 하늘하늘 아름답게 물결치는데 구급차가 달려오고 있었다 사과 꽃잎들이 팔랑팔랑 나비들과 4월의 애도 춤을 추는데 경찰차가 달려오고 있었다 아침마다 불구의 땅에 불구의 뉴스가 사생아 울음으로 태어나는데도 여왕도 신하들도 기묘한 가면 놀이만 즐겼다 천공(天空)엔 천공(天公)의 장례식이 시작되고 해저엔 죽어도 죽을 수 없는 아이들의 음울한 장송곡이 울리는데 사과꽃이 흐드러지게 지고 있었다 사과 꽃잎 하얗게 덮인 아이들 등굣길이 기나긴 수의 같던 그해 봄, 풋사과 한 알이 떨어지고 있었다 지구보다 무거운 무쇠 사과 한 알이, 탄핵 탄두 단사과 폭탄이 반도의 왕궁으로 떨어지고 있었다

開眼手術執刀錄

— 執刀 第35

백지 위로 계엄이 퍼진다 손이 차다 발이 차다 4월인데 눈이 내린다 백지 위로 군용차들이 달린다 앰뷸런스가 달린다 살이 차다 뼈가 차다 말들은 연행되고 철문이 열린다 하늘이 차다 땅이 차다 5월인데 폭설이 내린다 계엄이 내린다 꽃도 나무도 보행이 금지되고 새도 나비도 비상이 금지된다 살이 차다 피가 차다 군용차들이 달린다 눈발이 바퀴에 휘감긴다 비명이 휘감긴다 처녀의 머리카락이 휘감긴다 6월 지나 7월 지나 8월인데 혀가 언다 폭염인데 꿈이 언다 꽃집이 얼고 도로가 얼고 사상이 언다 학교는 폐쇄되고 응급실 지붕이 열린다 링거 병들이 떠오른다 수술대가 떠오른다 공중으로 아이들이 낙태된다 노인들이 매장된다 9월인데 하늘 가득 고드름이 맺히고 사방은 핏줄로 짠 거미줄로 엉킨다 뼈가 차다 피가 차다 11월 지나 12월 지나 사체들도 웃는 13월인데 백색 계엄이 계속된다

開眼手術執刀錄

— 執刀 第36

구니야 구니야 사시사철 그늘진 암벽에서 면벽 수행 중인 사타구니야 비구니도 바구니도 아니면서 패망한 왕국의 국경 다리에서 천문의 운행을 점치고 생사의 갈림을 점지하고 인간사 길흉화복 점치는 구니야 구니야 사타구니야 어처구니없는 세월을 절해고도 암자에서 너 홀로 야윈 거니? 무력 원년 말 좆의 힘으로 온 나라 온 백성을 공포로 무력화하던 사타구니야 오타구니야 덜렁덜렁 이제는 힘 빠진 나귀 좆처럼 흐물흐물 시든 거니? 지붕 위의 박통아 반짝반짝 빛나던 전통아 사타구니 없는 사타구니 속에서 숨을 거두는 게 무력의 역사란 거 모른 거니? 녹두꽃 흐드러진 벌판에 나 한 손에 짱돌 들고 한 손에 조선낫 쥐고 맨발로 서 있으니 구니야 군이야 사타군(邪墮軍)이야 5월의 독 오른 꽃뱀처럼 또 대가릴 쳐들어 봐라

開眼手術執刀錄

— 執刀 第37

정오다 연못은 나의 세 번째 귀, 물결이 너울 비명으로 번지고 물풀이 죽은 여공의 머리카락처럼 흐늘거리는 정오다 수면을 맴도는 고추잠자리, 넌 춤추는 무녀다 오래전 크림반도 얄타에서 빼앗긴 펜, 붉은 손가락이다 정오다 한낮의 제지 공장을 비행하는 잠자리, 넌 악한 탯줄이다 점점 늘어나는 철책이다 총 길이 312킬로미터 빛이 날(生)낫으로 내 어깨를 찍는 정오다 날개 아래로 흐르는 흰 피, 빛의 손길이 닿지 않는 연못의 캄캄한 늑골에서 연뿌리들 우는 소리, 프레스기가 두껍게 종이 자르는 소리, 반도의 허리가 싹둑 잘리는 소리, 정오다 가엾은 반도야 나의 딸아 네 남은 네 손가락마저 싹둑 잘려 나가는 소리, 정오다 가슴이 무너져 내리는 정오다 환청으로 고막이 찢기는 정오다 물의 살갗에 수천 개 햇살이 못 박히는 정오다 나뭇잎 검(劍) 하나 잉어처럼 떠가다 푸드덕 내 눈을 긋는 정오다 수면엔 끝끝내 맴도는 하늘과 태극 입술 한 쌍

開眼手術執刀錄

— 執刀 第38

붉은 배가 침몰해 있다 나의 입속에, 낮 동안 품었던 분노는 저녁의 음울한 파도 빛깔이다 두 입술은 등 돌리고 잠든 알몸의 노부부, 등뼈 사이로 해안선이 길게 이어져 있다 흑갈색 갈기의 말 적막이 혼자 걷고 있다 발자국마다 흰 물거품들 노을에 반짝이고 빈 병과 죽지 않는 스티로폼, 가방과 속옷이 널브러져 있다 벼랑은 백사장 끝에 유서 휘갈긴 병풍처럼 서 있고 낮게 출렁이는 수평선, 출입 금지 구역에서 중음신(中陰身) 아이 둘이 깔깔거리며 손으로 모래 무덤 만들며 놀고 있다 참살된 배를 품은 바다의 턱을 쓰다듬는 소금 바람, 여기는 산 사람도 눈을 잃고 말을 잃은 통곡의 땅, 팽목이다 물찬 폐처럼 출렁이는 구름아, 네 눈엔 보이니? 바다에 닿은 땅의 가파른 둔부가 흘리는 인간의 정혈(精血), 들리니? 해저에서 울리는 아기 고래들의 아리랑 허밍, 산 자의 죽은 입과 죽은 자의 죽지 않는 귀를 드나드는 파도, 물새 울음, 음(陰)의 비린 음들

開眼手術執刀錄

— 執刀 第39

11월은 기린처럼 야위었다 어미 숲 12월을 향해 비칠비칠 걸었다 12월의 굽은 등뼈 아래 목 긴 기린이 된 여자, 노을이 손바닥으로 야윈 목을 쓸어 주자 그녀 눈망울이 또 울먹거렸다 10년 전 세월호가 가라앉을 때 딸을 잃은 그녀, 밤마다 해저를 걷는 아이의 아픈 발소리가 들려오고 물의 환청을 색색 꿈으로 앓았다 바다가 없는 내륙 마을로 이사 왔지만 냇가를 걸으면 예쁜 교복 입은 딸아이가 버드나무 밑에서 혼자 첼로를 켰다 노을이 수면에 잔잔히 번져 들고 악기 소리는 시커멓게 밀려와 그녀 명치에 고여 거머리처럼 울었다 첼로의 팽팽한 줄 사이로 물고기가 튀고 윤슬이 수백 마리 노랑나비가 되어 팔랑팔랑 빛날 때 하늘엔 갯바위, 그녀 뇌에 자라난 종양을 닮아 갔다 12월이 13월의 목에 목을 비비는 늦저녁이다 냇가 저편 빈들에 밤의 발등이 부어오르는 소리, 목젖보다 말랑말랑한 아이들이 종이배 타고 돌아오는 소리

開眼手術執刀錄

— 執刀 第40

검은 파도가 흰 혀를 날름거리는 야음이다 익사체처럼 떠오르는 잠수정, 바다가 게운 달이다 달의 해치를 열고 나온 해군 요원들이 해안 기지로 잠입하고 새벽은 낙하산을 타고 하강 중이다 위장 크림으로 얼굴을 칠한 해병대원들이 출렁출렁 고무보트(IBS) 타고 갯벌로 침투하고 있다 21세기 내 육체의 살풍경, 아침의 키스라는 암호명의 기습 상륙작전이다 해안선은 날개 파헤쳐진 괭이갈매기처럼 파닥거리고 붉은 등대는 실명한 제 눈을 찾고 있다 빠르게 출렁이는 수평선, 파도는 점점 높아지고 어린 문명이 늙은 문명을 역습하는 내 목숨의 벼랑 밑이다 죽은 어휘 병사들의 군모가 출렁출렁 떠다니고 폐타이어처럼 처박힌 작전장교 신 대위, 살이 찢긴 신의 광대뼈에 햇살이 번쩍 빛날 때 모래 참호에 꽂힌 적기가 해풍에 나부낀다 함 하사님! 해안에 먼저 상륙한 병사가 깃발을 뽑아 들고 소리쳤다 얼어붙은 내 잠의 바다를 깨는 아드레날린 상병

병동 0

開眼手術執刀錄

— 執刀 第(-)1

결코 일어나지 않는 사건이 반드시 일어나는 부조리 병원 H, 응급수술실에서 지구모형 진자가 빠르게 왕복운동 중이다 참(T)과 거짓(F)을 끝없이 오가는 생사의 심전도 바늘, 해부학 여의사 로그가 여왕의 뇌 혈류 박동 그래프를 체크할 때 집도의 h가 마취된 세계, 마취된 말, 매장된 주검들을 하나하나 리스트 작성해 집도한다 1-1+1-1+1-1+1-1+1-1+1-1+1-1+1-1+1-1+1-1+1-1+1-1+1-1+(……) 기묘한 진동이다 꼬리를 입에 문 뱀이 흐르는 하늘, 몸은 기억의 난지도여서 최초의 살생을 교미로 시작하는 우주, 결코 일어날 수 없는 참사가 반드시 일어나는 부조리 왕국 K, h가 여왕의 안구에 반사된 왜곡된 주검 왜곡된 뉴스를 해부 중이다 주야의 비문과 비명 들이 모든 사물에 본시 착색될 때까지

開眼手術執刀錄

— 執刀 第(-)2

아닌(Anin) 꽃밭이다 이름 잃은 아닌 꽃들이 싹튼다 알파 아닌 **α**가 빨강을 빨아 먹고 파랗게, 베타 아닌 **β**가 파랑을 빨아 먹고 노랗게, 감마 아닌 **γ**가 노랑을 빨아 먹고 빨갛게, 아닌 꽃밭이다 잎도 줄기도 향기도 없는 아닌 꽃들이 꽃핀다 내가 아닌 **α**가 아침을 깨트려서 노랗게, 네가 아닌 **β**가 점심을 깨트려서 빨갛게, 그녀 아닌 **γ**가 저녁을 깨트려서 파랗게, 아닌 꽃밭이다 눈도 코도 입도 없는 아닌 꽃들이 웃는다 비판도 대안도 없는 아닌 몸들이 웃는다 빨강 아닌 **α**가 눈을 깨트려서 빨갛게, 파랑 아닌 **β**가 코를 깨트려서 파랗게, 노랑 아닌 **γ**가 입을 깨트려서 노랗게, 3색 꽃무늬가 웃는다 해도 달도 물도 아닌 꽃밭에서 웃는다 아닌 꽃들이 피어나 춤추다 죽는 여의도 아닌(Anin) 꽃밭

開眼手術執刀錄

— 執刀 第(一)3

없는 방이다 책상이 없다 의자가 없다 모자가 없다 꽃병이 없다 달력도 시계도 없다 신의 시신처럼 혀가 없다 말이 없다 인간의 성기처럼 잠이 없다 목이 없다 아무에게도 들리지 않는 아기 울음만 하염없이 울리는……. 없는 방이다 시간이 없다 계절이 없다 물증이 없다 나의 연애처럼 앞뒤가 없다 너의 죽음처럼 이유가 없다 우리의 시대처럼 불알이 없다 밤마다 머리 염색한 유령들이 노란 촛불을 지피는……. 참혹의 방이다 없는 방이다 누가 열면 이미 없는 세계다 반성이 없다 뿌리가 없다 죄의식이 없다 없는 암말과 없는 수말이 침대에 누워 포르노 정사를 야합 중인 칠흑의 방이다 없는 하늘 아래 없는 정부가 모래 장성을 쌓는……. 없는 국가다 피살자는 무수하나 어디에도 살해자는 없는 공공(空空)의 불가사의 제국

開眼手術執刀錄

— 執刀 第(-)4

거울 없는 병실이다 그녀는 잠들어 있고 그녀의 손이 붕대 감긴 꿈을 꾸고 있다 사과도 모자도 책도 컵도 부레 달린 물고기처럼 둥둥 떠다니는 419호, 사라진 거울에 그녀의 입술만이 기억하는 첫사랑 그의 입김과 숨결이 남아 있다 창백한 그의 영혼이 간병인 차림으로 침대 곁에 앉아 그녀의 얼굴을 내려다보고 있다 자정이 긴 물뱀처럼 창틈으로 들어와 스르르 그녀의 귓속으로 사라지자 그도 사라지고 수간호사가 들어선다 스위치를 누르자 불이 켜지고 사과도 컵도 바닥으로 떨어져 깨진다 유리 조각마다 사람의 피와 눈물, 달빛이 묻어 있다 경무대로 향하며 하야! 하야! 외치는 그와 학생들의 함성이 묻어 있다 거울 없는 병실이다 사라진 거울 속의 호수에서 물안개가 피어나 그물처럼 퍼진다

開眼手術執刀錄

— 執刀 第(-)5

한다 한다가 한다 요가 달인 한다가 기공 체조 하듯 한다 빌딩 숲에서 한다 유리벽과 한다 가로등과 한다 안개와 한다 인공 폭포와 한다 이태원에서 한다 국회의사당에서 한다 헌법재판소에서 한다 쉬지 않고 한다 해외에서 한다 순방하며 한다 깝죽깝죽 한다 도리도리 한다 연기를 뿜으며 한다 불과 한다 얼음과 한다 마른 혈관만 남은 한다가 한다 등이 곰팡이로 뒤덮인 한다가 한다 빨래하듯 한다 도축하듯 한다 국립현충원에서 한다 전국경제인연합회에서 한다 재벌 총수 모임에서 한다 다 보이는 곳에서 안 보이게 한다 뒤에서 뒤를 한다 제왕의 웃음으로 한다 반은 미쳐서 반은 중독돼서 한다 길고 길게 한다 침대에서도 밥상에서도 대로에서도 한다 액체의 체위로 기체의 체위로 사체의 체위로 한다 쓱쓱 눈을 사포로 문지르면서

開眼手術執刀錄

— 執刀 第(-)6

잠자는 기하학자 누(Nu)가 슬프게 웃고 있다 그의 얼굴은 소(沼)다 혀가 빨간 금붕어처럼 헤엄치는 어항이다 음표 없는 악보다 숨은 꿈이 흘리는 생리 혈이고 지붕엔 낮달이 떠 있다 그건 먼 옛날 신이 빼어 하늘에 버린 자신의 눈먼 눈, 점점 병색이 짙어지는 봄의 목련 꽃방이다 거기 날개 깁스를 하고 누운 여왕벌과 늙은 시녀, 노랑나비가 꽃방을 팔랑팔랑 날고 있다 날개를 접었다 폈다 반복할 때마다 계절이 바뀌고 천지가 바뀌고 세월이 침몰한다 하늘은 해저가 되고 찬 물결 타고 지상으로 천천히 내려오는 신발 한 짝, 그건 나의 시가 알몸으로 백정의 칼춤을 출 때 신은 말가죽 신이다 밤이 겹겹이 턱뼈를 쌓아가고 물컹물컹 누(Nu)의 귀를 빠져나오는 물새 울음, 꿀잠에 취한 무통의 밤거리를 산 자들이 걷고 있다

開眼手術執刀錄

— 執刀 第(-)7

파리의 부활절이다 햇볕에 항아리가 흑갈색으로 타고 있다 **시계 R** 누가 저 흑인 수녀의 수족을 자른 걸까 목이 없다 **시계 A** 갈라진 등뼈 사이로 조선간장이 흘러내려 말라붙고 수면엔 껍질 벗겨진 흰 달걀들이 무인도처럼 둥둥 떠 있다 **시계 I** 슬픈 이역의 해도(海圖)다 해저에서 누가 장송의 오카리나를 부는 걸까 물속으로 중세 이단교의 비밀 성가처럼 퍼져 가는 적란운 **시계 N** 갈라진 하늘에선 상한 생선들이 쏟아지니 **시계 B** 비린 복음이다 개선문 위에서 처형된 여자 셋이 십자 빨대로 비눗방울을 분다 **시계 O** 몽마르트 지나 에펠탑 지나 도로로 골목으로 참수된 자들의 환영이 이단 무지개로 떠 있다 **시계 W** 해는 중천에서 숨은 신의 머리칼을 산발한 채 웃고 파리 떼가 들끓는 거리다 죽은 시계들이 색색의 성가를 부르는 부활절이다

開眼手術執刀錄

— 執刀 第(-)8

「텅 빈 눈」에서 다이아몬드가 쏟아졌다 새들이 쏟아졌다 크리스티 경매장, 컹컹 짖던 하늘이 복부부터 부글부글 끓기 시작했다 디디(Deep Dream)는 나(na)를 출품했고 나는 입을 벌려 꿈속에 수장시킨 돌고래와 해적선, 무쇠 닻을 게워 냈다 사산된 파도의 탯줄을 따라 산호섬과 모래 해변, 거북과 인어 들이 금발 머리칼을 흔늘거리며 헤엄쳐 나왔다 「꿈」은 인도인 향로 컬렉터에게 낙찰되었고 나의 연인 디디는 나(na)를 팔아 깔깔거리는 어휘 상자를 샀다 고대의 마젤란 해협에서 건져 올린 백토 유골함, 뚜껑을 열자 어휘 혼령들이 나와 지느러미를 흔들며 깔깔깔 떠다녔다 그때 디디가 그린 최후의 행성 「텅 빈 눈」에서 눈먼 여자아이가 울면서 내게 손을 뻗었다 태고에 나의 어머니였던 그녀의 손엔 내 두 눈이 들려 있었다 경매장 창밖 먼 우주로 붉은 흙비가 내렸다

開眼手術執刀錄

— 執刀 第(-)9

어떤 골목이다 짐승의 내장처럼 구불구불 김이 피어오르고 맨드라미가 웃고 있다 어떤 골목이다 유리 박힌 담엔 꿈들이 낭자하다 누가 깨진 박카스 유리병으로 살갗을 그어 놓은 걸까 낙서투성이다 공중을 흐르는 달의 눈가엔 어린 피가 흐르고 밤마다 먹빛 흐느낌이 들려오는……. 어떤 골목이다 한 여자와 두 남자가 나보다 먼저 빠져나갔고 한 여아가 죽은 골목이다 내가 죽고 그녀가 살았다면 내 시인의 생보다 아름다운 꽃을 피웠을 텐데……. 뒤란의 개나리는 또 무슨 색깔의 비명으로 이 봄을 채색 중이다 내가 마지막으로 빠져나오고 영원히 물에 잠긴 유택(幽宅), 끝내 내가 돌아가지 못할 맨드라미 골목……. 지상의 모든 소리를 삼키는 미궁이고 아픈 입이다 담의 웃는 장미 넝쿨 사이, 흰 돛배 하나 나비 물결 따라 떠간다

開眼手術執刀錄

— 執刀 第(-)10

내 안(眼)이다 파란 핏줄이 도드라진 목련 공원이다 이곳의 꽃들은 겹겹의 가면 쓴 사체 미용사다 코를 대면 살타는 연기가 역모의 잔향으로 울리고 가지 끝에 터질 듯 몽우릴 맺은 눈, 몸의 절반이 없어진 소녀가 머리를 풀어헤치고 어혈 맺힌 화장장 공중을 헤엄쳐 간다 낮달은 공중에 안치된 유골 항아리, 그걸 빼앗으려 밤이 검은 복면 쓴 반칙왕 레슬러처럼 북쪽에서 오고 있다 내 안이다 안의 안이다 스키드 마크 또렷한 중부 고속도로다 소녀를 따라 무무(無無)리 고향 집으로 돌아가지 못하고 이승의 핏속을 떠도는 나의 말, 밤이 뒤에서 내 목을 꺾어 숨통을 조르고 있다 소녀가 배지느러미를 흔들 때마다 허공의 잔물결 사이로 퍼져 오는 흰 기포들, 내 안이다 안에서 영원히 바깥을 떠도는 저승이다 얼굴이 탄 꽃그늘 속, 나비 날개에 돋는 어둠 방울

開眼手術執刀錄

— 執刀 第(-)11

빗줄기가 서 있다 포도알들이 주렁주렁 달려 있다 빗줄기를 옮긴다 내 사각의 방, 종이 화분에 이식한다 빗줄기는 물뱀처럼 자정의 허리를 휘감고 초조히 잠든다 나는 외할머니를 덮던 수의로 비의 부러진 팔을 감아 주고 비의 눈알 하나를 따 입에 넣는다 아 달다 벽을 따라 가야금줄 닮은 금들이 음각으로 새겨지고 빗줄기가 남쪽 창으로 휜다 난 대나무 지팡이로 비를 받쳐 놓고 비의 꿈속으로 들어간다 북쪽 포도밭으로 간다 파헤쳐진 외할아버지 무덤과 빗물 괸 웅덩이들이 보인다 죽은 새끼를 핥는 짐승처럼 밤바람이 포도밭을 핥으며 울고 있다 음표 닮은 소녀 소리도 울고 언덕 밑으로 성게 별들이 구른다 그 사이 빗줄기가 점점 자란다 방을 뚫고 천장을 뚫고 밤하늘로 가지를 뻗는다 나는 밤새 소녀가 깔아 놓은 흰 울음천에 누워 꿈을 그린다 포도밭을 그리고 사라진 소리의 손과 얼굴을 그린다

開眼手術執刀錄

— 執刀 第(-)12

빛의 흑백 유원지다 명암 저수지다 물은 눈꺼풀을 닫고 잠들어 있다 천둥이 울리고 갑자기 비가 못처럼 박힌다 물의 얼굴에 무수히 기록되는 원의 방정식, 물의 광대뼈 밑으로 붉은 잉어 한 마리 헤엄쳐 온다 누구의 혀일까 어느 노인이 지상에 버리고 간 혀일까 좌표 (12, 0, -12) 지점에 명암 타워가 서 있다 기묘한 거대 묘석 같다 사방이 열려 있어 하늘은 철저히 폐쇄된 문이다 수면엔 오리배가 동동 떠다니고 저수지 연한 입술에 세차게 쏟아지는 비, 쾅 쾅 쾅쾅쾅 강도에게 쫓기다 살려 달라고 잠긴 문을 두드리는 여자처럼 쏟아지는 비, 저수지 저편 한국병원 장례식장에서 새가 아이를 태우고 날개를 퍼덕이며 날아오고 있다 점점 커지는 원 넓이, 수면을 빙빙 돌며 비바람은 어두운 폭우 방정식을 기록 중이고

開眼手術執刀錄

— 執刀 第(-)13

새벽은 코티솔을 과다 분비 중인 무척추동물이다 내가 잠 없는 꿈의 늪지를 뒤척일 때 침실 왼쪽 거울 속에서 정신과 의사 Vector는 초음파 이미지로 내 꿈의 병변을 분석 중이다 오른쪽 거울 속에는 안개꽃 수염투성이 외과 의사 Scalar가 일그러진 얼굴로 웃고 있다 둘은 누가 보낸 스파이일까 나라는 타원의 두 초점일까 창밖 안개 도시가 활짝 꽃피었다 도난당한 잠을 찾으러 잠옷 차림으로 외출하자 안개 광장이 나온다 십자가 그려진 흰옷 입은 사제들이 모여 성가를 부르고 있다 병든 노인들을 잠재우고 있다 성경을 펼친 신부의 손은 새가 되어 날고 나이테처럼 퍼지는 레퀴엠, 파르르 눈꺼풀을 떨며 나는 공중을 본다 푸른 혈관들이 나무뿌리처럼 뻗어 나가고 있다 이 도시는 어느 짐승의 내분비기관일까 종양의 거리마다 불결한 안개, 틀니를 딱딱거리며 벤치에서 웃고

開眼手術執刀錄

— 執刀 第(-)14

싸늘한 총구에 다섯 마리 나비가 내려앉는다 모란보다 검붉은 페니스다 Made in USA 피스톨이다 다섯 나비가 지문을 찍으며 방아쇠를 탐측할 때 사체 검시관처럼 탐측을 해부하는 여섯째 나비야 몽양 이정 백범 고하 우남, 다섯 나비들이 각각의 우국충정으로 병신춤을 추며 피스톨을 유혹할 때 반도의 심장을 향해 방아쇠를 당기는 일곱째 나비야 시베리아 회오리바람 타고 날아온 북극 돼지가 포탄을 마구 퍼부을 때 가장 빨리 달아난 건 애국 간신배들의 혀, 피스톨 아가미에 흰 탄약 연기 피어오르고 역사는 영원히 탄착점에 안착하지 못한다 흰 우유 마신 비극이 콧수염 달린 꽃으로 용산 전쟁기념관에 피어나고 점점 궤도가 휘는 탄환, 대한정신문화연구원 옥상에 발사 직전의 페니스가 자유의 여신상 포즈로 서 있다

開眼手術執刀錄

— 執刀 第(-)15

허리를 타고 칼이 산책한다 성문이 열렸다 닫힌다 늑골 따라 성으로 가는 길에 물고기들이 파닥거린다 누가 숲에서 죽은 말을 닦고 있다 등을 뒤덮은 코르크 나무껍질을 벗긴다 칼날이 지나갈 때마다 말의 살갗에 푸른 가시와 비늘이 반짝거린다 겨드랑이 샘에서 구름이 흘러나온다 반달이 하늘에서 노란 플라스틱 바가지처럼 끈적끈적 녹아내리는 역산(逆算)의 밤이다 등 뒤에서 누가 나를 부른다 돌아보면 아무도 없고 하늘로 흐르는 물, 나비 떼만 숲의 까만 젖꼭지에 앉아 날개를 파닥거린다 외발의 나무들이 묘지로 가는 철책 길, 허리 잘린 반도에서 나는 내내 반도(反刀)다 공중엔 내 0번째 손가락처럼 잘려 나간 달, 오늘 밤 칼은 냉담한 사체 산책자다 나무에선 눈 없는 얼굴들이 떨어지고 습지에서 아이들의 비명이 계속 울린다 뒤돌아보면 숲도 나도 역사도 없고 대리석으로 뒤덮인 해변에서 날개 잃은 새들이 하얗게 파도를 하혈할 뿐

開眼手術執刀錄

— 執刀 第(一)16

열대야다 살이 타는 사막이다 꿈마저 타는 사막이다 두 발이 푹푹 빠지는 열사의 모래 나라다 빌딩들이 지하로 더 깊은 지하로 거꾸로 자라나는 음수 나라, 마이너스 공화국이다 밤하늘이 없다 별이 없다 구름이 없다 사랑이 없다 바람이 없다 열대야다 밤에도 낮이 계속되는 모래 제국이다 시야 제로의 사하라, 서쪽 사구에서 무릎 아픈 낙타가 등짐을 가득 짊어지고 모래 폭풍 속을 떠돌고 있다 열대야다 활활 인간의 혀가 타는 열대야다 낙타야 방향 잃은 낙타야 외톨이 낙타야 발을 꺾지 말자 우리 가는 곳 어딘들 참담한 극지 아니었더냐? 나도 모래 인간, 사막의 지평선 끝으로 사라지는 점, 하늘이 제 눈을 찔러 몇 방울의 찬 이슬방울을 사막의 이마에 떨구고 있으니 낙타야 두 눈을 잃은 낙타야

병동 r

開眼手術執刀錄

— 執刀 第(-)17

눈 내리는 뒷담에 고양이가 앉아 있다 내가 잃어버린 (시간이 뒤로 날아간다 흰 날개 달린) 조선상고사(朝鮮上古史)다 눈에도 귓바퀴에도 처형된 궁사의 활처럼 흰 등에도 흰 가루약으로 쌓이는 눈, 눈은 백색 내란이다 골목은 나의 체온 잃는 시, 단재(丹齋) 백서다 실패한 혁명처럼 사랑이 떠난 후 가로등은 제 눈을 찔러 (시간이 뒤로 날아간다 날개를 퍼덕여) 자책하는 피를 쏟고 글자들은 검은 건반이 되어 눈 속을 떠다니며 쥐 울음소리를 낸다 먼 옛날 백제 궁사의 잘린 팔 하나가 오늘 밤 나의 지붕을 떠돌고 있다 왕의 심장을 향해 날아가던 (시간이 뒤로 날아간다 발 없는 새가) 칼집에서 장미를 뽑아 들고 고양이 등이 시위를 당긴다 순간 동서남북 사방에서 아(亞)와 비아(非我)가 팽팽해지고

開眼手術執刀錄

— 執刀 第(-)18

나의 세 번째 손이 꽃병에서 자란다 양파처럼 실뿌리가 희다 꽃은 보이지 않고 안 보이는 꽃 몽우리에서 하루치의 음악과 눈물이 싹튼다 6월이다 검게 살이 탄 손 앙상한 손, 밤새 사물들과 수화로 수화(水花)를 꽃 피우는 계절이다 모든 개화는 두려운 혁명이다 일요일이다 노랑나비가 나풀나풀 깨진 꽃병을 맴돌고 글자들은 맑은 핏물이 되어 책에서 흘러내린다 벽에 돋은 풀과 이끼는 살처럼 마르고 갈라진 틈을 빠져나가 내생으로 흘러드는 물줄기, 내 사랑의 펜과 조약돌이 둥둥 방을 떠다니다 먼 이방의 들로 날아가는 계절이다 혁명 전야다 내가 없는 방에 내 잠옷 걸친 적막이 건반 없는 피아노 앞에 오래 앉아 있다 유리창은 물고기 비늘로 뒤덮여 있고 하늘은 지렁이처럼 마르고

開眼手術執刀錄

— 執刀 第(-)19

자정이다 밤하늘은 흑색 종이, 형광색 칼금이 파인 살갗이다 세계는 사육되고 오늘 밤 죽음은 호두라는 낱말, 망치로 깨트리자 주름진 시계들이 쏟아진다 손들이 쏟아진다 기억은 뿔이고 망각은 핏줄, 사방은 음험한 짐승처럼 울고 마음은 또 뿔에 찢기니 대지는 살이 젖는다 광주에서 광주(狂酒)에 취하니 눈썹 긴 유성이 지나간다 암혈의 눈동자에 번뜩이는 별빛, 뼈아픈 내 유령의 서체다 낱말들을 어두운 우유에 녹여 마시고 무등산 인중 밑에 잠들었다 숙소 마당엔 호두나무, 밤새 이파리들이 수천의 멍든 얼굴로 나부꼈다 파헤쳐진 뿌리에서 허공으로 빠져나가는 새벽별, 한때 산 자들의 몸이었던 저 진흙 별들, 가출한 시간이 귀신이 되어 집으로 귀향하는 음시다 나의 말은 그들을 염하는 이승의 장례다

開眼手術執刀錄

— 執刀 第(-)20

흰 드레스 차림의 안개가 어린 신부처럼 마차를 몰고 비무장지대로 들어간다 거긴 낙태 중인 태음의 육체, 마취된 숲, 폭우가 휩쓸고 간 등뼈 따라 바큇자국이 새겨지고 있다 어떤 나무엔 금속 핀셋과 탯줄이 걸려 있고 어떤 나무엔 시곗바늘 달린 새들이 날아와 둥지를 튼다 마차가 계곡을 휘돌아 폐가 보이는 북쪽 벼랑으로 달리자 저녁 햇살이 선홍빛 잔물결 일으키며 번져 온다 아카시아 꽃잎들 나풀나풀 떨어지고 엽총을 든 사냥꾼 천사가 동굴에서 걸어 나온다 심장이 쿵쿵 뛰는 구름, 박쥐들이 남쪽 하늘을 까맣게 덮을 때 탕! 혼약의 총성이 울리고 계곡 가득 울리는 백색 비명, 달아나는 노루의 울음이 햇살 속으로 빠르게 퍼진다 온몸에 흰 눈동자가 다닥다닥 붙은 안개는 마차를 몰고 협곡의 벼랑을 달리고

開眼手術執刀錄

— 執刀 第(–)21

이 행이 홀로 걷고 있다 정전협정문처럼 행 속으로 밤이 번지고 눈이 번진다 검은 바바리코트 걸친 눈사람 하나 직업 안내소 앞에 서 있다 실성한 눈이 내리는 실성한 거리다 이 읍에서 나는 실성한 시인이고 실직한 가장이다 부레 달린 물고기들이 둥둥 머리 위를 헤엄쳐 다니는 12월이다 이 행이 계속 아가미를 열어 흰 눈을 토하고 있다 석류알들이 우르르 쏟아져 나온다 도로를 구르는 붉은 수류탄들, 이 행이 더 크게 입을 벌리자 흑암의 새들이 쏟아지고 아스팔트 노란 선을 따라가자 거북 등 닮은 읍내 터미널이다 눈이 내린다 중국 인민군처럼 눈은 떼로 내리고 이 행과 함께 나는 치욕 속을 걷고 있다 점점 병색이 짙어지는 평화 거리, 어떻게든 이 병든 소읍을 뜨고 싶어 나는 휴전 읍소 중인데 새들은 무정히 난다 거역할 수 없는 해저의 어뢰처럼 검은 눈사람 하나 내 뒤를 따라오고

開眼手術執刀錄

— 執刀 第(-)22

어린 돌이 또르르 굴러와 내 발 앞에 멈춘다 신경쇠약 걸린 고양이처럼 돌은 울고 있다 나는 보이지도 않는 꼬리를 쓰다듬으며 조선의 마지막 황녀처럼 돌을 달랜다 돌의 뺨에 유모처럼 내 뺨을 부빈다 돌의 입술에 젖을 물리자 돌의 심장이 쿵쾅쿵쾅 뛴다 실핏줄 터진 돌의 눈동자를 본다 돌의 꿈이 내 망막에 거꾸로 영사되고 척추가 부러진 도시 동경(東京)이 보인다 아스팔트에 조선의 소녀들이 로드킬 당한 스라소니처럼 널브러져 있다 가로수와 가로등이 뿌리째 뽑혀 공중의 전장으로 둥둥 납치되고 있다 키스 중인 한일 연인은 입술부터 증발하고 신사(神社)는 과자처럼 부서져 하늘로 흩어진다 천천히 나는 눈을 뜬다 돌은 사라졌고 내 손에 들린 건 놀랍게도 아담의 두개골 닮은 사과다 정수리에서 피고름이 흐르는, 하늘 높이 나는 사과를 던진다 사과는 천국에 박혀 떨어지지 않고 상한 돌이 하나 또 또르르 망국의 땅으로 굴러온다

開眼手術執刀錄

— 執刀 第(-)23

눈은 병을 명상 중인 암실, 인간의 골육 수도원 쌍둥이 봉분이다 수정체와 망각 사이 꿈꾸는 유리체 어항이다 내가 잠든 사이 누가 내 안방(眼房)을 파도치는 공중과 구름 낀 심해에 각각 옮겨 놓았을까 국가는 왜 눈을 밀매하는 집단일까 국가는 왜 가난한 시인들의 말과 꿈조차 밀매하는 걸까 수면 중 나의 뇌수 밑 해저터널이 터지자 떠오르는 배 떠오르는 비밀 떠오르는 익사자들, 유령 빛이 물속을 떠도는 봄이다 4월이다 주룩주룩 노란 흙비가 내리고 수면으로 떠오르는 옷가지들 가방들 봉인된 울음들, 나는 더 깊게 잠들어 더 깊게 눈을 뜬다 실명한 눈을 뜬다 하늘도 땅도 마이너스 재배치되는 음모의 시대다 신(新)공포시대다 밤의 해안도로 따라 벌거벗은 아이들이 비명하며 달리고 백발의 숲 지붕 위로 눈먼 시계들이 제비처럼 난다 저 멀리 해안 절벽 국립 병원 십자가엔 낮달이 걸려 나팔꽃 치마처럼 펄럭이고

開眼手術執刀錄

— 執刀 第(-)24

북쪽 하늘은 폐결핵 앓는 아벨의 등이다 검붉은 새 떼가 숲을 돌고 벌레들이 사각사각 남쪽 하늘을 갉아 먹고 있다 낮의 기하학 연구실에서 난 내 사랑의 실수해를 찾는데 타원형 달이 뜨고 손목시계는 시지포스의 뒤집힌 눈이 되어 거꾸로 돈다 오후 4시에서 3시로 역행하는 바늘 따라 스르르 연구실 뒷문이 열리자 태고의 숲이다 숲의 흉곽에 수학자 아벨이 서 있다 검푸른 수염을 기른 채 몸은 바위로 변해 있다 가슴엔 숫자와 수식이 새겨져 있고 잿빛 탄 손엔 정십이면체 돌이 들려 있다 얼굴에서 돌가루가 부서져 떨어지고 먼 들에서 양떼 울음소리가 크게 울려와 난 고막이 터질 것 같다 시침과 분침이 반대 방향으로 일직선이 되는 시각을 구해 네 이마에 새겨! 실성한 혀와 음이 떠도는 세계, 카인과 세계와 나는 영원한 군(群)이다 서쪽을 돌아보니 푸른 입술 하나 섬처럼 떠 있고 동쪽은 아벨방정식 가득 찬 흑판이다

開眼手術執刀錄

— 執刀 第(-)25

25시, 이곳은 프라하고 사랑은 변신 도마뱀이야 아침엔 눈이 파란 새 저녁엔 등이 갈라진 관악기야 비 오는 여름밤, 나는 카를교 위에서 코발트블루 강물이 되어 가고 새의 쉰 목청을 가진 이 문장은 빈방에서 빈 가방처럼 혼자 낡아 가 밀레나 보여? 내 등에 캄캄히 뿌리내리는 발톱 달린 비, 독주에 취할수록 굶주림은 커 가 이 도시도 나처럼 반은 실성한 짐승이고 반은 미친 피콜로야 프라하의 봄은 다시 오지 않을 거야 밀레나 들려? 밤비가 네 꿈을 휘감아 강물 속으로 데려가는 천둥소리, 밀레나 우린 정전된 하늘이야 우리 사랑의 출구는 헐벗은 새의 심장 핏줄처럼 비좁게 막혀 있어 밀레나 보여? 식은땀 흘리는 밤의 택시 정류장, 25시, 빈 대합실에 피어오르는 흰 담배 연기, 그게 우리야 우리 사랑의 미래야 바람은 양가죽 슈즈에 은색 허리 벨트를 찬 무희, 밀레나 들려? 책들이 손이 되어 바람 속을 날아다니는 소리, 찬비와 함께 내리는 공(Gong)의 묵음들

開眼手術執刀錄

— 執刀 第(-)26

안개 낀 볼록 안구다 눈은 캄캄한 사과, 씨방에서 설국 기차가 달려 나오는 역이다 자전하는 입방체, 각막 이식한 지구의 색맹지다 바흐무트, 역에선 끝없이 자명종 소리 자주포 소리 울리고 레일 따라 헐벗은 나무들이 외다리 병사의 자세로 서 있다 의족 하나 하늘에 박힌 겨울밤이다 안구에서 흐르는 안개는 대지의 입술이 흘리는 가녀린 입김, 공중의 남북으로 입술 두 척이 나룻배처럼 떠가고 있다 겨울밤이다 동토(凍土)의 사타구니에 쓰린 갈퀴 자국을 남기는 세계의 짐승들, 이곳의 칼바람은 누구의 악한 붓질일까 새들의 메아리마다 손톱이 자라고 대기는 한 장 한 장 찢겨 나풀거리는 비애의 역서(易書)다 바흐무트, 안개 낀 볼록 안구다 잠을 깨면 악몽이 반복되는 불구의 별, 아이들 꿈이 웃음이 척박한 야영지다 인간을 버린 혼령들이 유리알처럼 레일 따라 굴러가는 반사광 안구다

開眼手術執刀錄

— 執刀 第(-)27

전화선을 타고 새벽 바다가 쳐들어 왔다 푸른 눈 달린 파도에 휩싸여 출렁이는 섬 탐라, 내 나이 마이너스 18세 때 학살된 사람들, 신은 병이 깊어 귀신고래처럼 자꾸 해저로 가라앉았다 뚜뚜 전화가 끊기고 창가로 가 담배에 불을 붙였다 전화선을 타고 60년을 건너온 불길과 총성과 미역 줄기가 도로 건너편 성당에 걸려 너울거렸다 잿빛 하늘에서 아침 태양이 석류 빛깔 알갱이를 터트렸다 담배를 끄고 옛날 기록물을 펼쳤다 목이 말랐다 숨이 가빠 왔다 빌딩 위로 까마귀가 날고 누군가 비명을 지르며 광장을 달렸다 신의 아들이 입원한 응급실로 달리는 저 여자, 갑자기 성당은 크래커 과자처럼 부서지고 빌딩들이 엿가락처럼 휘었다 햇빛 비가 내렸다 노란 비의 밧줄, 그물이 도시 전체를 덮쳤다 다시 전화벨이 울렸다 해저에서 계속 긴박한 벨이 울렸다 검푸른 눈을 깜빡이며 탐라의 파도가 내 잠의 꺾어진 목선을 어루만졌다

開眼手術執刀錄

— 執刀 第(-)28

비의 습격이다 거문오름 타고 내려오는 총소리, 빗줄기 사이로 도망치는 사람들, 놀란 새들이 푸드덕 팽나무 귓바퀴 밑에 숨자, 불의 습격이다 마을로 진입하는 군홧발 소리, 살기 어린 토벌대의 짐승 눈빛들, 일곱 살 동백의 노란 눈이 떨어져 흑돼지 통시에 숨고, 밤의 습격이다 열한 살 언니 동백은 뒷등에 총을 맞아 등줄기 타고 더운 피가 흐르고 출렁출렁 줄 지어 흐르는 횃불들, 지붕마다 불이 너울춤을 추며 밤하늘로 옮겨 붙는 선흘리다 빗줄기 뒤곁으로 도망쳐 담을 넘다 눈감은 열아홉 처녀 선미처럼 붉은 브로치 달고 돌담 위에 널브러진 동백꽃들, 재의 습격이다 불탄 밤하늘이 용암처럼 흘러내린 선흘곶 젖은 땅도 다 타고 북동쪽 밤의 인중 끝 만장굴이 꿈틀댈 때 먼 하늘코지 갑(岬)에 붉은 테왁 하나 산 심장처럼 출렁

開眼手術執刀錄

— 執刀 第(-)29

햇빛 속을 고양이가 걷는다 발소리도 없이 방금 물에서 나온 해녀 해랑이 구좌읍 하도리 검은 돌담길을 철퍽철퍽 걷자 그림자처럼 고양이가 따라 걷는다 숨소리도 없이 수평선은 길게 누워 명상에 든 시신처럼 배꼽 위에 구름배 한 척 올려놓고 고양이는 천천히 따라 걷는다 전복 따던 빗창과 골갱이를 얹어 놓은 돌담 너머 저쪽, 1948년 12월 그날 동틀 무렵 어멍 아방 다 잃고 고아가 된 여섯 살 소녀 해랑, 저녁 햇빛 속을 고양이가 걷는다 빛, 빛, 눈 시린 길을 걸으며 빛, 빛, 발 시린 기억의 돌담길 집을 떠올리는 고양이는 그날 해랑의 오라방 대신 대살(代殺)된 어멍의 혼백, 물질 끝나고 해랑이 집에 돌아갈 때마다 따라 걷는다 호이호이 숨비 소리 몰아쉬는 바다를 끌고 쨍그랑 하늘 깨지는 그날의 무서운 총소리를 생생히 들으며 70년 동안

開眼手術執刀錄

— 執刀 第(一)30

눈이 떠돈다 흰 입술들이다 죽은 자들의 떠도는 지문이다 창백한 유서다 눈 감지 못한 눈들이 떠도는 겨울 매장지다 눈이 떠돈다 울음 울던 아이의 뺨에도 총알 박힌 아낙의 어깨뼈에도 쌓이는 눈, 눈은 눈의 사라진 형식이자 실종된 잠이다 흩어진 육체다 탕! 탕! 탕! 눈이 떠돈다 눈발 속에서 신의 뒤통수 닮은 무덤 하나 솟아오르고 눈이 떠돈다 눈꺼풀 뒤집힌 눈이 잠들 수 없어 떠도는 땅, 골령골이다 신의 음성이 닿지 않는 사역지다 발 딛는 곳마다 평토장 흙집이다 지하세계로 깊이 가라앉은 풍금의 집, 죽은 자가 산 자의 세계에 등 돌리고 누운 레퀴엠 암지다 눈이 떠돈다 뼛조각 음표들이 떠돈다 내가 밟으면 숭어처럼 튀는 건반들, 진실은 또 암살자의 날렵한 발걸음으로 도주하고 지상 가득 쌓이는 백색 눈, 떠도는 눈망울이다 아낙의 품에 안긴 아기, 아기의 입술에 묻은 흰 젖이고 유치다

開眼手術執刀錄

— 執刀 第(-)31

오침하던 박스 창고 울타리에 장미가 피었다 왼손으로 만지자 꽃 속에서 나온 빨간 손이 내 손을 잡아끌고 장미 여관으로 들어간다 젖은 나무 계단을 내려가자 보일러실이 나오고 샤워장이 나오고 환한 방이 나온다 탁자에 기원전 3000년 내가 아내에게 보낸 장미꽃 편지가 놓여 있다 미라 여자 셋이 소파에 누워 파가니니 음악을 듣고 있다 창밖 숲으로 샛노란 봄비가 하늘하늘 내리고 빗줄기 사이로 물고기들이 떠다닌다 내가 이마를 만지자 여자들 텅 빈 눈에서 색색 만다라 달빛이 새어 나온다 우린 당신이고 딸이고 어머니에요 첫 번째 여자가 뼈만 남은 손으로 수화 한다 두 번째 여자는 벌거벗은 몸으로 숲의 피라미드 신전을 오르고 세 번째 여자는 거대한 삼나무로 변해 간다 쩍쩍 갈라진 나뭇가지 팔로 나의 뺨을 어루만진다 나는 천천히 고개를 돌려 창밖을 본다 농성 중인 청주공단 화학 공장이다 드럼통을 굴리며 작업복 차림의 내가 창고로 가고 있다 낮달이 죽은 여공의 낯빛으로 떠 있는

開眼手術執刀錄

— 執刀 第(-)32

초고층 옥상의 십자가 피뢰침, 인간의 형상으로 서서 머리칼을 흩날리고 있다 X축 따라 길게 펼쳐진 아스팔트엔 유리 물고기들이 헤엄쳐 다니고 Y축 따라 하늘을 공격 중인 빌딩들, 층층 소설책이다 구름이 낙태아처럼 떠다니는 도시, 끝없이 낮만 반복되는 태양의 도시 크로노스다 세 개의 태양이 쾌속으로 자전하며 120도씩 공전 중이다 이곳에서 나는 뇌 집도의고 악몽 해부의고 시간 부검의다 문명은 담(談), 불이고 얼음이어서 신은 식용 꽃과 식용 인간, 카니발 악어(惡語)를 키우는 출판 상인이다 나의 사랑은 투옥일까 편집일까 납치일까 대낮인데 노란 환각제 알약 달이 떴다 닥터 노벨(Novel)의 새 처방전을 기다리는 사람들, 그들 얼굴에 박힌 초토의 쌍둥이 행성에서 까마귀들이 날아올라 대기를 책처럼 찢고 있다 X축 Y축 Z축이 수직 하강하여 T축과 영점(0, 0, 0, 0)에서 만날 그날까지

開眼手術執刀錄

— 執刀 第(-)33

Counter Critic [æks]
: Alphabets Can Tomb 8×26

American Apple Ask About Art Airport And Ax
Black Bird Buy Big Banana Bicycle Baby Balloon
Chocolate Cat Child Can Come Circle Cake City
Dancing Dad Doll Drinks Desert Dead Dog Donut
Earth Eye Eat Eight Elephant Ear Eagle Egg
Five Finger Frog Father For Fog Flower Family
Gee! Good Girl God Gets Gold Glass Giraffe
Hi Happy Hell! His Heart Hole Hate Hope
If Ink Is Iguana Idea In Ice-cream Imagination
Junk Judge Joy Jam Jump Jet Juice Jazz
King Kim Kiss Kill Korea Ketchup Kangaroo Key
Lemon Lady Likes Long Leg Lego Lion Love
My Mom Moon Marry Morning Milk Monkey Music
Noon Nurse Nose Noddle Needle Not Net Night
Okay! Owl Open One Orange Octopus Other Onion
Paper Page Park Plays Peach Pilot Potato People
Quick Quack Queen Qualm Quit Quiet Quest Question
Rose Rabbit Runs Rain River Rhyme Romance Room
Sky Spider Sun See Sea! Seven Sons Swimming!
Time Table Tells Tiger Teacher Today Toy Tent
Ugly Universe Use Us Up Uncle Under Umbrella
Violet Vomits Violin Voice! Vaccine Van Visits Vitamin
We Walk With Wind When Witch Whispers White
X-ray Xmas Xtra Xoxo X Xerox Xylophone Xylophobia
Yellow Young Yogurt yells! Yes Yesterday Yoyo Yoga
Zombie Zoom Zoo Zebra Zero Zeus Zipper Zigzag

병동 e

開眼手術執刀錄

— 執刀 第0 : 잉(~ing)의 동시성 세계 탐구 프로젝트

Step 01

■**장소** A 해안(海眼) 도시 그람시다. G의 살풀이굿. 물결은 춤추고 음속으로 하강 중인 엘리베이터에서 야구공을 하늘로 던지는 투수 X. G와 X 사이는 24시 병원. 시차의 낙차가 철로 구간마다 다른 비(非)관성좌표계. 순간순간 발생하고 사라지는 만물의 선과 색과 형상. 사고는 증식하는 도형, 사각형 감옥이다. 난 틈 봄 씀. 퀵 택배원 Q는 오토바이 타고 달리며 X가 천상계 신에게 던진 공을 관측함. Q의 눈에 착상되는 공의 궤적과 내 동공에 역상되는 물(物). 라인 지옥도 ■**장소** B 빛은 미친 비. 허공을 나사못처럼 뚫고 날아가는 공. 산택(山澤)은 살(殺)의 형지. 난 틈 봄 씀. 외눈(counter eye)의 시와 마주 보는 창, 행간을 점점 좁혀 시차를 극소화함. 뇌에 묘를 팜. 세계의 확률분포도. 이산(離散)과 연속. 유한과 무한. 내 손은 순차 병렬 병행 처리하는 헤게모니 악기니 잘라라. 내 눈은 거리 크기 방위를 오측하는 망원경이니 도려라. ■**장소** C 천지가 흑조 날개를 폄. 태극(太極) 눈과 도(道)의 눈이 쌍안인 새. 64괘 바랑 등에 지고 신이 천도에서 인도로 들어서니 문명의 백도(白道)다. 나는 대항 시인(counter poet). 여긴 내 살의 현장이고 꿈의 살해지. 세계가 형식과 체계로 나를 죽이는 역지(易地). ■**장소** D 이 순간 세계에 괴괴한 사건들

이 동시에 터짐. 난 틈 봄 씀. 시의 시간은 비시간, 세계의 첫날이다. 쓸수록 얼굴은 검은 글자 이끼로 뒤덮임. 108억 광년 초신성이 폭발하고 블랙홀이 눈 뜸. 안데스 깎아 지른 벼랑에서 누가 추락하고 북극곰이 죽은 새끼를 품에 안고 울고 주방에선 아내가 고구마를 태움. ■**장소** E 대항 시(counter poetry)의 대항해. 순간순간의 선과 색과 형상. 바다와 대륙과 대기가 동시에 움직이는 찰나의 세계. G는 의문사 처녀 시신 앞에서 울부짖고 새들은 빛 속을 날고 야구공은 휨. 오토바이는 달리고 연필은 백지를 달림. 천지사방에서 동시에 늑대의 눈알처럼 움직이는 물물(物物), 시차의 문장들. 위조를 위조해 죽이는 놀이. ■**장소** F 나의 방 위층 여자 a가 러닝머신을 탐. 그 위층 남자 b는 목을 맴. 그 위층 여고생 c는 새엄마 d와 식칼로 싸우고 그 위층 청년 e는 게임기 자판을 광속으로 두들김. G는 흰 옷을 허공에 나풀거려 처녀 혼을 달래고 지하실에서 흉악범 f는 웃으며 전기기타를 침. 땅이 혼돈하고 공(空) 하며 흑암이 깊음 위에 있고 빛이 있으라 하니 빛이 있고 빛을 낮이라 하고 어둠을 밤이라 부르니 밤이 내게 와 스스로 입을 찢니 첫째 날.

Step 02

■**장소** G X는 던지고 Q는 달리고 G는 흐느끼고 a b c d e f g h i (……) 악귀는 당장 몸을 떠나라! 난 글자를 태워 하늘로 재를 날림. 나를 태워 날림. 세계는 무작위 확률 시행, 동시다발 사건 현장. 문장들은 행렬. 순서 크기 활자 규칙에 따라 무자비한 질서로 배치됨. 이 미스터리 군론을 미스터 리(Lie) 군은 살해하라! ■**장소** H 행간 기차를 탈선시킬 것. 글자 간 간격도 없앨 것. 시간의 손목과 목을 동시에 잘라 극사실적으로 배열할 것. 고구마는 타고 야구공은 날고 겹겹 중첩 Q의 퀵 오토바이가 해안도로를 극한의 속도로 달리는 세계. 누(Nu)가 밤과 눈을 까맣게 태우는 백색감옥 아수라. 나는 잉(~ing), 틈 봄 씀. 반복 탄생하고 증발하는 무한개 구멍들. 미지의 확률 존재들. ■**장소** I 난 i가 꾸는 꿈일까 꿈의 역상일까. 하늘에서 구더기 떼가 쏟아진다. 헤게모니 파리 전쟁이 시작됨. i는 식은땀을 흘리는 허수 인간. i의 이마를 손으로 닦으며 난 틈 봄 씀. ■**장소** J X는 던지고 Q는 달리고 나는 잉(~ing), 너도 잉(~ing), 우리는 잉잉, 꿈일까 환각일까. 인과율을 파괴하고 초월하는 비인과율 춤. 우린 영원히 동시성 사건 속에 휘말린 확률 존재. 언어 감옥의 무기수. 물질과 반물질의 공유결합체. 무한개 장소고 무한개 구멍이다. 백지는 자성 없는 세간(世間). 시종 없는 윤회의 감옥. 씀은 행(行)이고 업(業)이니 둘째 날.

Step 03

돼지 피로 물든 하늘에서 붕붕거리는 북소리가 울렸다. G가 춤추며 울부짖음. ■**장소** K 낙타 타고 대대(待對) 사막 건널 때 돌풍이 속삭였다. 현(玄)아! 죽음에 순응해라. 넌 바닥없는 우물, 무(無)의 자궁이다. 손을 넣어 만지니 하늘과 땅이 쌍둥이 태아로 흘러나왔다. 난 이름 없는 그 물. 계속 쓰나 결코 아무것도 하지 않음. 행하지 않으니 천지만물이 동시에 행해짐. 우주 생사를 다 놓쳐서 무엇 하나 놓치지 않아라. ■**장소** L 꿈이 나를 들개처럼 파먹고 있다. 모르는 땅에서 모르는 청년이 죽고 그가 심은 식물이 꽃을 피움. 지구 반대편에서 지진과 내전으로 원주민들이 몰살되고 폭우가 내림. 비에 젖은 흑인 소녀가 백인 아기를 낳고 총살됨. 하늘엔 격랑의 파도가 휘몰아침. ■**장소** M 탐구 실험 비판. 동시성 세계의 비동시성 시. 비동시성 세계의 동시성 시. 대항 시는 굳지 않는 피가 쓰고 심장이 씀. 라인들의 확률분포 춤. 여백과 문장이 점점 겹쳐 블랙홀이 되는 악시. 나는 나의 영원한 내전이다. 광물질 악보고 꿈의 난파선. 세계로 세계를 지우는 흑광 지우개. X는 던지고 Q는 달리고 G는 통곡함. ■**장소** N 지금 이 순간 야구공은 어느 시공에 떠 있을까. 무의미 카페 미닝(meaning)에서 뜻을 기다림. 뜻은 미국 시카고로 유학 간 수학과 친구. 그의 노란 모자 닮은 달이 불쑥 창밖으로 지나감. 낮에 겪은 일들을 신의 초상화에, 그의 눈동자에 기록하고 자정에 잠. 새벽 4시쯤 악몽에 눈을 뜨니 셋째 날.

Step 04

■장소 O 동시성이 인간과 세계의 하부구조라면 무의식은 시공 구조를 초월하는 무한 차원 세계다. 이렇게 쓸 예정인데 난 이미 썼고 넌 읽었다. 넌 널 숨 쉬고 있다. 넌 세계를 살아 내고 있다. 세상의 모든 태아들 모든 무덤들과 동시에 ■장소 P 꽃이 핀다. 먼저 죽은 꽃들 때문에 세계에 새 꽃이 온다. 난 죽음 뒤의 생을 쓰고 있다. 빛이 울고 있다. 미친 빛이 잔디밭을 관통하고 공은 날아가며 하늘을 나사못처럼 뚫고 있다. X는 던지고 Q는 달리고 G는 축도하고 죽은 처녀 혼백은 통곡 중이다. 악어 꿈일까. ■장소 Q 점서(占筮)는 미신이 아니라 사고방식. 아침에 난 처녀에게 생일 선물로 줄 장미꽃을 상상하며 시를 쓰고 있었다. 그때 Q에게서 예정에 없던 국제전화가 왔고 나의 하루는 뒤죽박죽 뒤엉켰다. 폭포와 요트와 뱀, 태양과 경찰관 k와 우연한 조우(遭遇). ■장소 R 동시성은 신학적 믿음이 아니다. 철학적 관념도 아니다. 이렇게 내가 두 문장을 쓸 때 너는 자고 우주에서 별들이 충돌해 폭발한다. 어둠 속으로 퍼진 빛은 어둠의 해저로 가라앉고 지구엔 겨울비가 내린다. 함박눈이고 설탕이었던 돌이고 모래였던 비, 눈동자 파란 비가, 혼도 살도 다 버린 겨울비가 주룩주룩 내린다. ■장소 S 우린 과거의 태양 과거의 달과 별을 만날 뿐이다. 동시에 울고 동시에 닳아 가는 슬리퍼들이다. 재미로 사람을 죽이는 빌딩 숲엔 크리스마스캐럴이 울리고 지구는 1600킬로미터로 자전하면서 16만 킬로미터로 태양계를 돌고 돈다. ■장소 T 유가와 불가와 도가는 내 몸의 등과 배와 가슴이다. 등엔 인간을 배엔 생멸을 가슴에는 우주를 품은 나는 귀신이다. 시는 통(通)이고 감(感), 파지고 예지다. 동시성 비행이다. 정괘(鼎卦) 진괘(晉卦) 감괘(坎卦) 정괘(井卦), 백지는 나의 지명(知命)이다. X는 던지고 Q는 달리고 G는 춤추며 축원하니 다 나다. 난 틈 봄 씀. 난 쓰며 흩날림. 점점 검어짐. 점점 무(無)다.

Step 05

■장소 U 무녀간 살풀이굿을 할 때 먹구름에서 솔개가

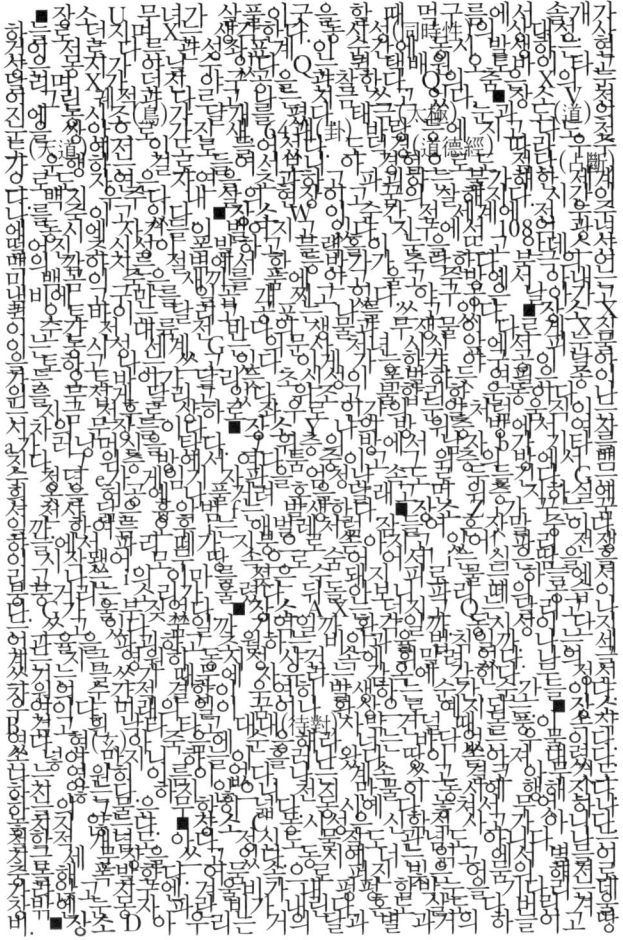

비. ■장소 D 아 우리는 거의 달과 별 과거의 하늘이고 맹

Step 06

■장소 E. 무당 P가 살풀이굿을 할 때 잔디밭에서 야구

[illegible]

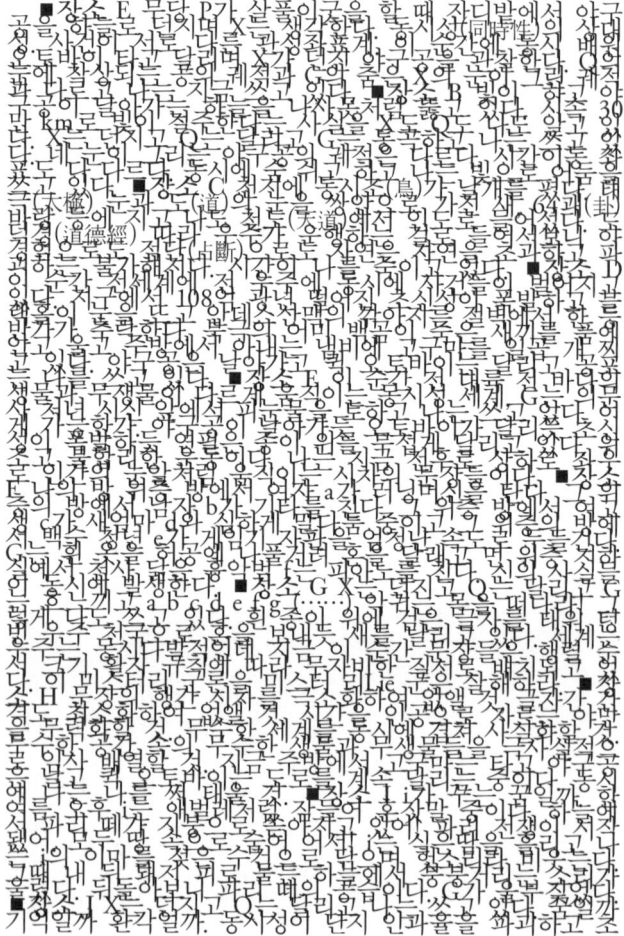

기억할까 환각일까. 동시성이 난지 인과율을 와해하고 조

원하는 비인과율 법칙일까. 나는 세계는 지금 영원히 동시

[illegible]

시에 시각화하기, 언어와 죽음의 한계에 대한 도발

Step 07

■장소 A무당 G가 살풀이굿을 할 때 잔디밭에서 ...

[illegible]

... 없다. 나는 계속 쓰고 결코 아무것도 하지 않는다.

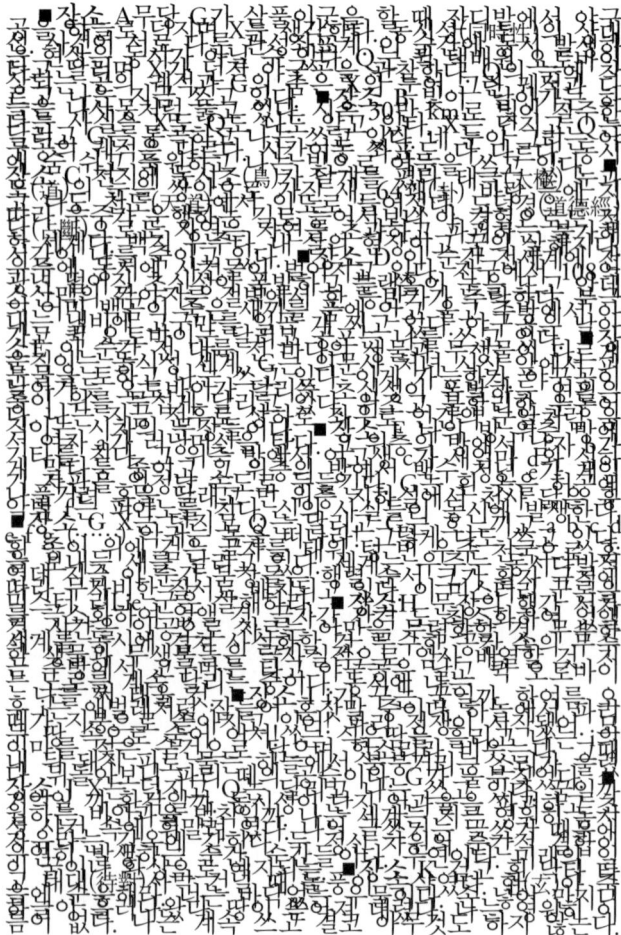

하지 않으니 천지 만물이 동시에 행해진다. 하늘의 구름

[illegible]

지, 모든 시간과 사물을 삼켜버리는 블랙홀 모델이다.

Step 08

■장소A. 무덤 G가 [illegible] 할 때 잔디밭에서 야구 [illegible]

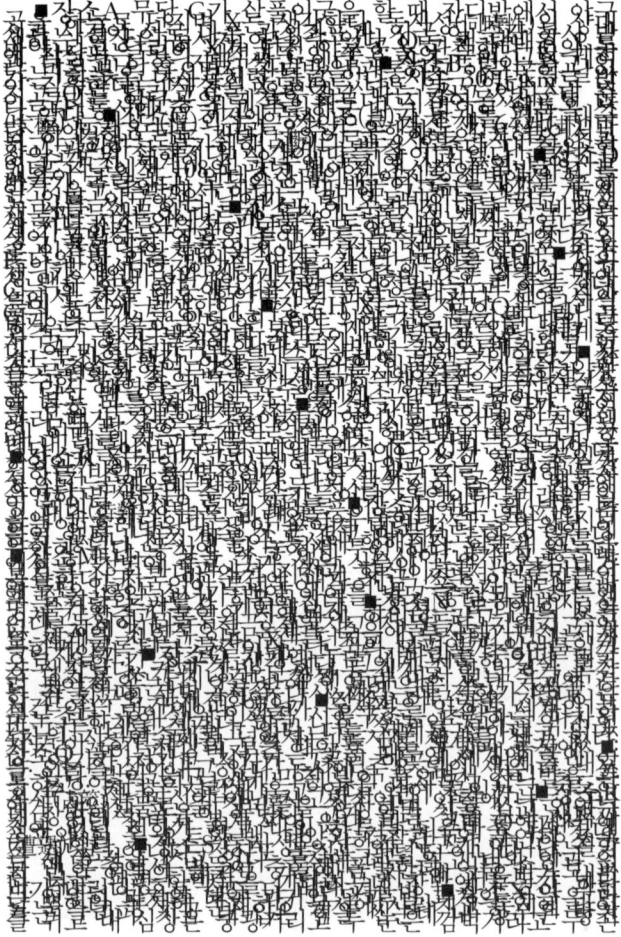

을 이 문장을 치고 있다는 거리에, 반가 내리고, 지구는 사슬

[illegible]

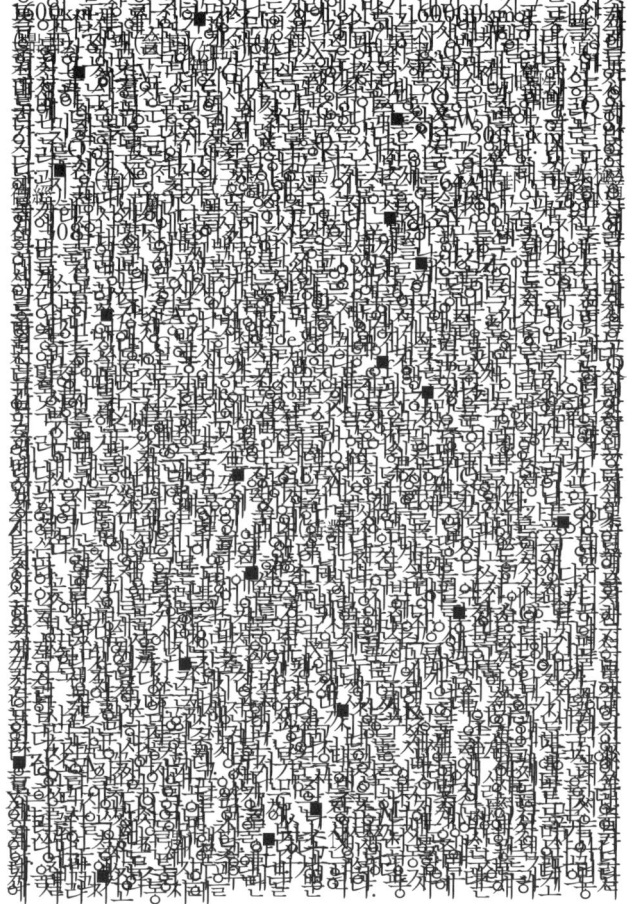

에 내리고 동시에를 한번 만하다. 동시에 반대하고 동시

Step 09

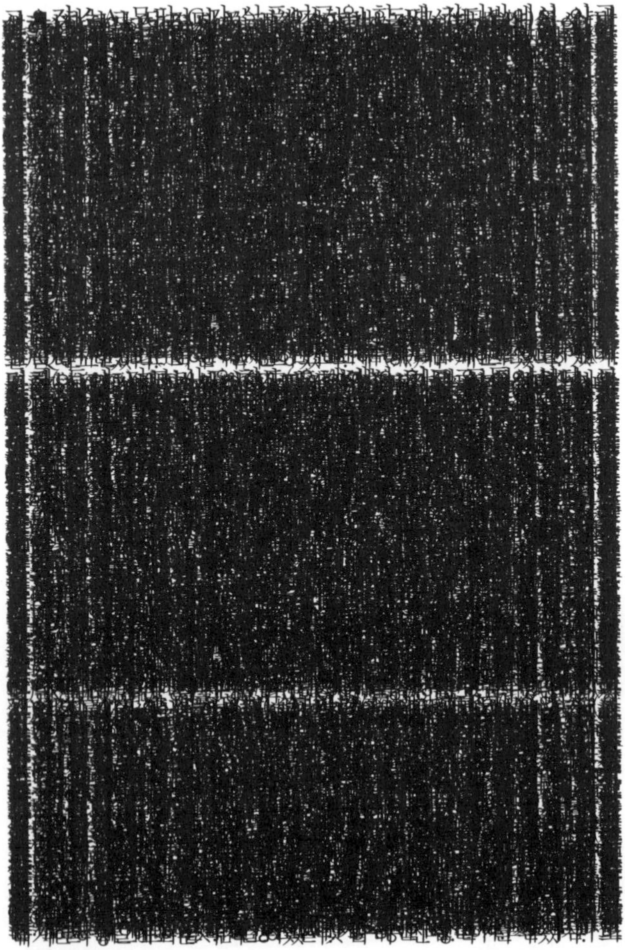

Step 10

Step 11

Step 12

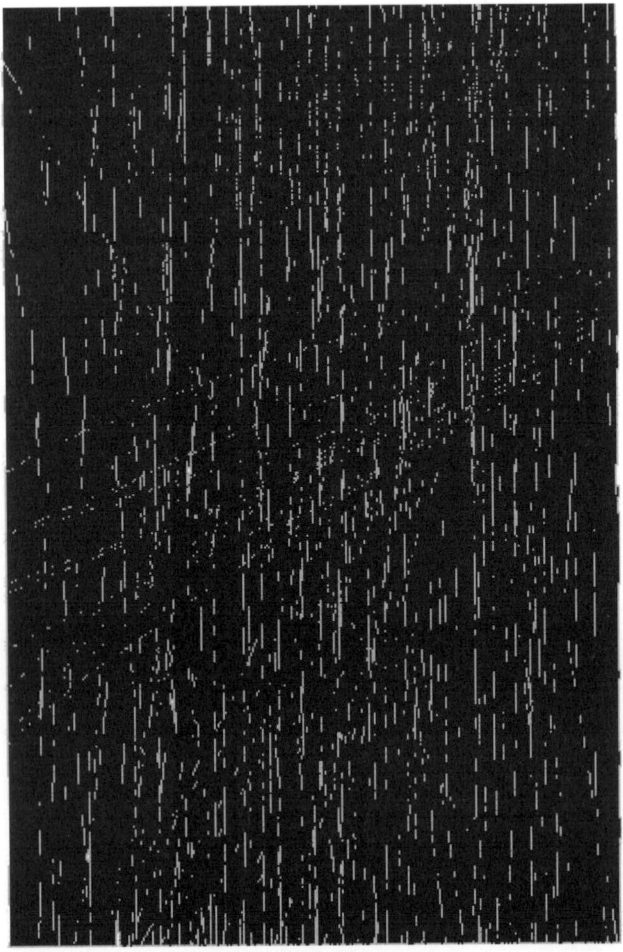

Step 13

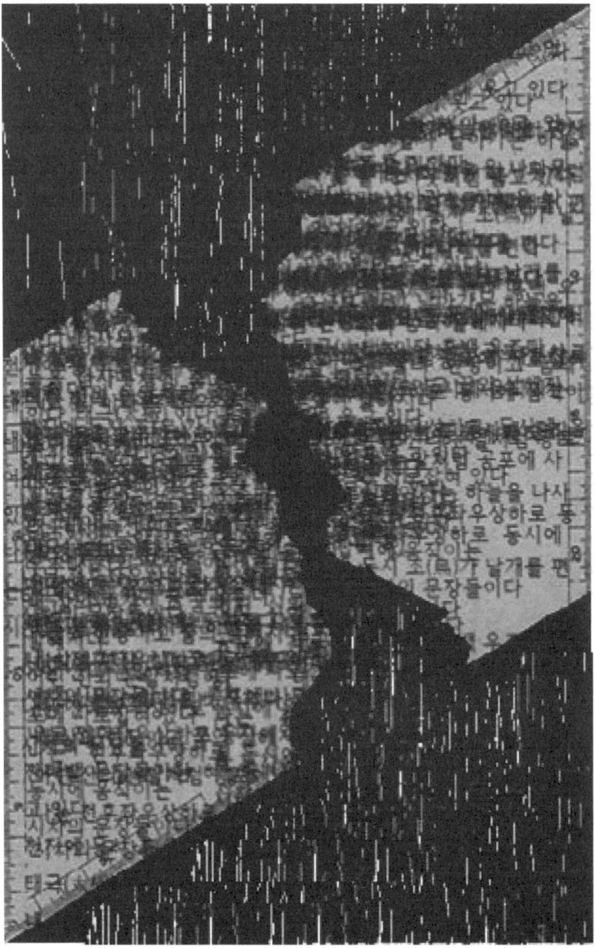

Step 14

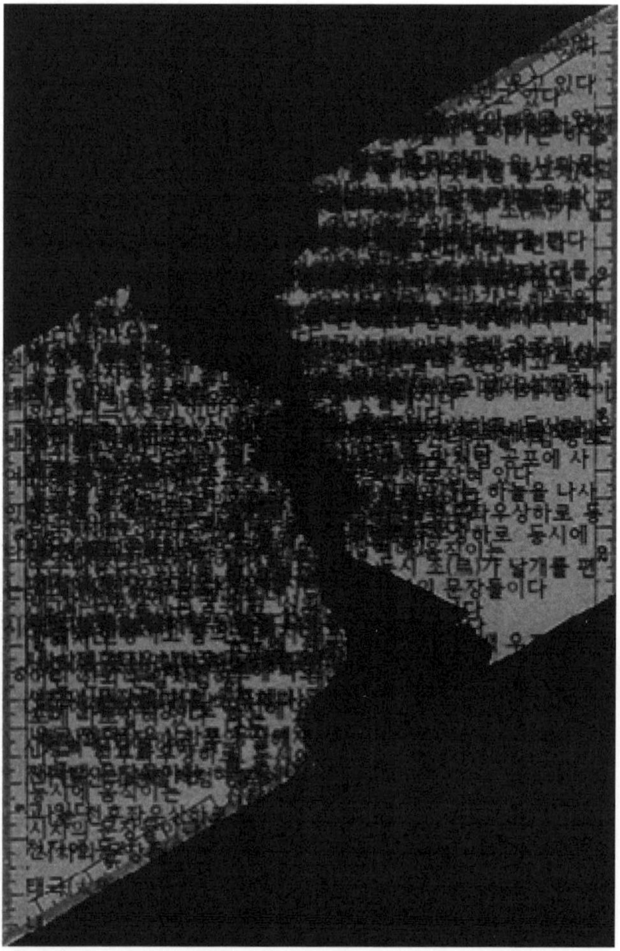

Step 15

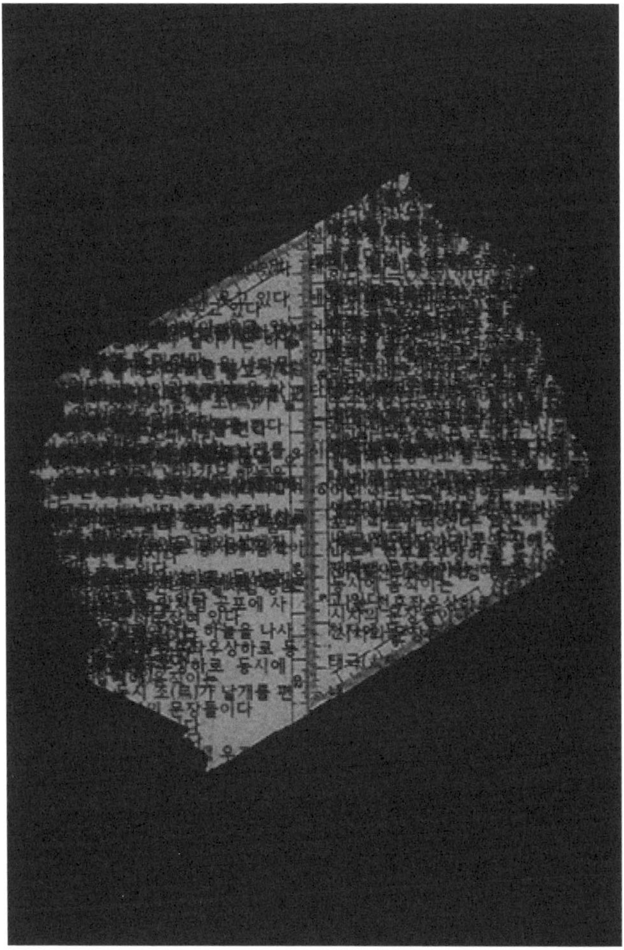

Step 16

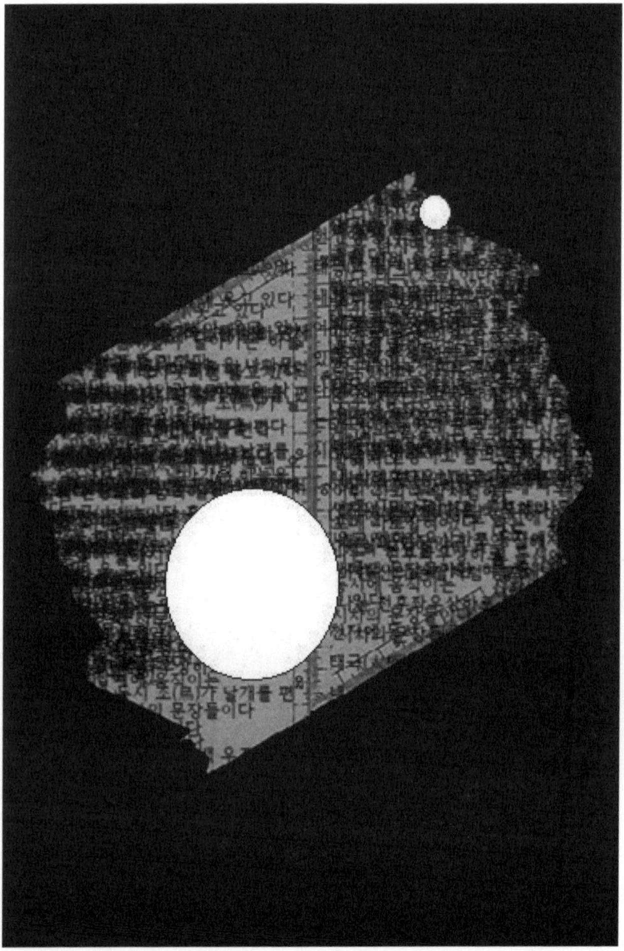

Step 17

Step 18

Step 19

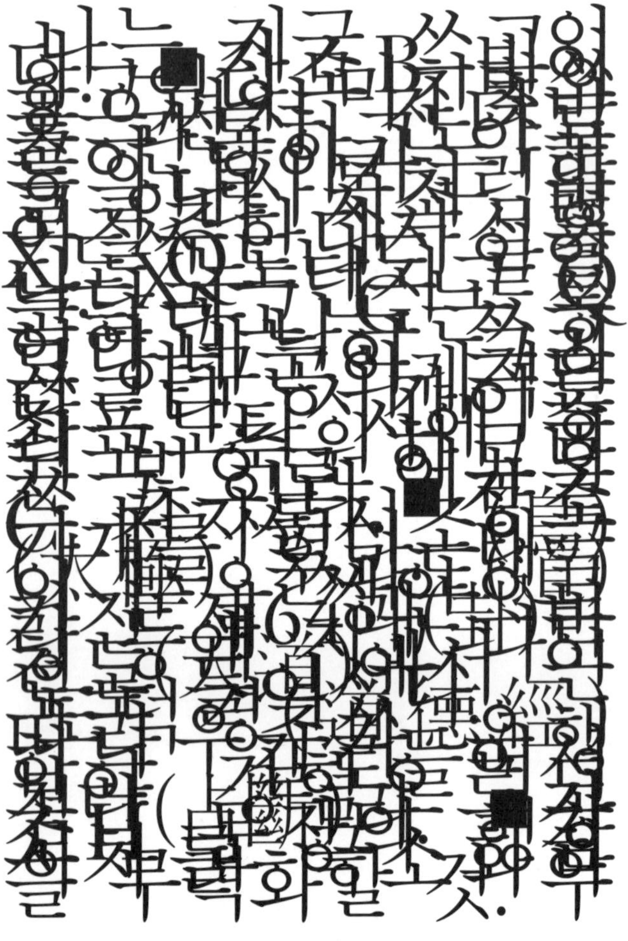

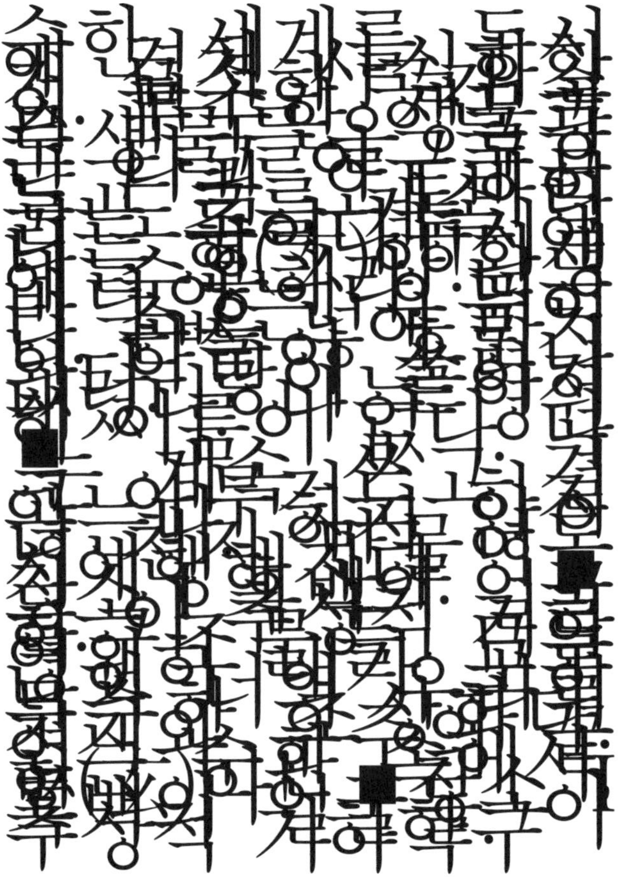

Step 20

■장소 Z 현상은 동시간 양
나 수 했다. Q는 쿼텀 배 원 상
토박이 쌍 타고 달리며 X가 던지
야구공을 관찰한다. Q의 눈에
창상되는 공의 궤적과 G의 눈
으 X의 눈이 그린 궤적과 다
른 구. 나는 지금 쓰고 있다. ■
장소 A 천지에 P 동차 조(鳥)가
날개를 폈다. 태극(太極)은 과
는 (道)의 도를 쌍안으로 가진
재, 64괘(卦)를 바라는 혜지 고
남, '도' 천도(天道)에서 인도로
부어 섰다. 도덕경(道德經) 따라
후주 산 운행하는 가는 돌어
서 보니 운하 경향으로는 점 다
(占斷)으로도 자연은 혀을 놓
과하 파고하는 불가해한 세
계다. 백지 우주다 내 실어 행
자일. 국 꿈의 살해지나 시간 하
나를 죽이고 해다. ■장소 B 이
순간 천 세계에 저 우주에 동시
에 사자들이 별어지고 있다. 지
구에서 108억 광년 떨어진 조
시성이 폭발하고 블랙홀이 흔
흔들린다 야대 산맥이 갈아치
흐 절벽에서 한 늘 빠가 가 쥐
판할다. ■장소 C 북극의 어미
백곰이 죽은 새끼를 품에 안

고 울고 주방에서 아내는 냄비
해 국 마늘 일곱 개 짜고 빙
다 향 무고를 탈하가고 쉼 상
로 바이느 워뷔 달리 나는 하
(~ing) ■장소 D 멀물이고 썹
무당이다. 무에서 무한으로 분
하에서. 무로 무위로 재생하는
바관 우주의 운동 메커니즘
낮도 세계의 '이다'이다 현장컬
스 ■장소 E 자명한 실패 요분
첼트 앙을 춘 시로 예감하며 저
는 고 펄패의 쏘기 향장 하가
운대 나를 너로 서 어게 화강
로 선 태혀웅 혈조 이 씻임 어개 는
로 들과 감은 후대이 보죽이를
작저 확어하고 섰어다. ■창꽃
E 부수한 장소들이 무수히 춤
철되면서 무한으로 나아가다
가 무롱 귀환하는 절망적 쇄혀
근의 을화 과정 어둠 속에서
반이 태동과 함께 시작되는 조
재의 탄생과 사멸을 촬영한 뼈
쇄 과정 배색이로 백지대에서
좀 더 크 푼장으로 다시 태어
나는 부활 과정 환생 과정 난
운다. 나도 운다. 너는 잉(~ing)
나도. 잉(~ing) 우리는 잉잉!

병동 a

開眼手術執刀錄

— 執刀 第0 : 비평 유령 크롬과 청동 늑대

고래의 눈이거나 부엉이 눈이거나
흑안(黑眼)의 방이다 사람은 태고부터
해저에서도 공중에서도 낙원에서도 땅에서도
내내 외로운 외눈이다 흰 가운을 입은
모래 인간 h가 해부용 메스로 눈의 외피를 절개하자
짙은 포르말린 냄새와 함께 나타난다
파도치는 방, 갈색의 책상 섬, 혀를 파닥거리는 물
해안선 따라 익사체들이 널브러져 있다
은색 비늘에 푸른 등지느러미가 달린 물고기 책들
죽어서도 숨 쉬는 사각형 생물들
모래 인간 h가 만지자 꿈틀
등뼈 굽은 몸을 돌린다 번들거리는 등줄기에
조개와 불가사리가 다닥다닥 붙어 있다
h가 라텍스 고무장갑 낀 손으로 배를 꾹 누르자
울컥, 해저의 흑수와 진흙을 토한다
수면 위로 천천히 노파 G와 눈동자 달이 떠오른다
노파의 파헤쳐진 가슴에서 물새가 날고
달은 방울방울 노란 즙을 뿜는다
그때 h의 꿰매진 입에서 스르르 혼령이 빠져나온다

*h*의 떠도는 혼령인 나, 비평 유령 크롬이다
노파의 명치에 뺨을 대고 나는 귀 기울인다
쭈글쭈글한 살갗 아래 누가 관악기처럼 낮게 울고
상한 몸에서 울려 나오는 메아리들
노파 *G*의 복부와 등엔 말미잘 촉수가 돋아 있다
살을 찢고 가시들이 돋아 있다
어둠은 실성한 파도, 물결 따라 하늘도 너울대고
나는 떠도는 혼령 떠도는 새 떠도는 음표
첫 번째 익사체의 벌어진 입속으로 스르르 들어간다
사체의 책, 입속은 죽어서도 농담 중인 동굴
녹지 않는 눈이 내리고 있다
흩날리는 눈발 사이로 수직으로 세워진
직사각형 대리석 문이 보인다 문을 열고 들어서자
처음 보는 낯선 복도다 겨울밤의 복도
휘어진 복도 따라 적막한 불빛과 침묵이 흐르고 있다
복도 끝으로 걸어가 복도 끝을 바라보는 사람
이준규 시인이다 복도에 갇혀 복도가 되어 가는
물빛 발소리, 그의 눈에 나는 보이지 않고
그는 창을 열면서 바깥세상을 향해 너를 사랑했다고

창을 닫으며 너를 사랑했다고 낮게
읊조리다 젖은 불빛이 되어 바닥으로 흐른다
그는 어디로 사라진 걸까
이렇게 묻는 난 무엇으로 사라지는 중일까
여긴 어딜까 복도가 아닌 복도, 미친 복도다
그가 남긴 복도에서 난 드넓은 축구장을 떠올린다
그와 함께 뛰던 그라운드의 심장 소리
내 꿈과 기억, 상처와 상상이 덧칠된 다중 복도다
여러 개의 시간과 지평과 수평을 가진 우주
신의 내장처럼 휘어진 백파이프 우주
벽엔 파란 입술들이 달팽이처럼 붙어 기어다니고
누군가 지나갈 때마다 가늘게 휘파람 분다
입김에 복도 중간쯤 지나던 낯선 연인
하와의 얼굴이 재가 되어 흩날리고 복도는 휜다
짐승 창자처럼 구불거리며 암말 우는 소리를 낸다
내가 손으로 더듬자 벽에서 손이 나온다
손엔 물새 둥지가 들려 있고
아직 부화되지 않은 알이 하나 둘 셋
복도 끝에서 얼굴에 소금이 말라붙은 노파 G가 걸어온다

뺨을 타고 땀과 눈물이 흐르고 있다
노파 뒤편에서 흰 비늘의 물고기 떼가 헤엄쳐 온다
반대편 복도 입구로 헤엄쳐 가다 내가 창을 열자
방향을 바꾸어 창밖 허공으로 날아간다
복도 바깥 세계다 섬들이 둥둥 모자처럼 떠 있다
갑자기 내가 연 창문에 커튼이 내려지고
내 뒤쪽에서 짐승 숨소리가 울린다
뒤돌아보니 청동 늑대의 머리가 벽을 빠져나오고 있다
어깨와 몸통이 나오고 뒷다리가 따라 나온다
나를 비평하는 또 다른 비평 유령이다
늑대는 복도 입구와 출구를 번갈아 돌아보고는
무겁고 느린 발걸음으로 다가와 내 귀에 속삭인다
크롬 씨, 오랜만이오! 이 복도엔 무슨 일로 왔소?
이준규 시인을 아시오? 그의 시가 모독이오?
청동 늑대의 눈에서 흰 명주실이 계속 풀어져 나온다
명주실들은 생물 거미줄처럼 내 목을 옭아매고
푸른 눈알을 굴리며 늑대가 말한다

이준규 시의 의미 생성은 크게 두 가지 방향에서 전개

되오. 첫째는 기존 언어의 무의미화를 통한 의미의 생성이오. 즉 사회라는 법 체제 코드 안에서 만들어진 언어의 통념적 의미를 박탈하는 과정을 통해 새로운 의미의 생성을 추구하오. 둘째는 명명의 무한 확장이오. 즉 언어와 지시 대상의 접속을 무한히 지연시켜 대상 자체를 계속 생성시키는 방식으로 새로운 의미를 동반하오. 이러한 의미의 붕괴와 생성을 통해 그의 시는 존재와 부재, 언어와 음악이 합일되어 흐르는 유동적 시공간으로 진입하오. 시인의 이러한 무의식적 지향성은 화자인 '나'를 통해 일차적으로 드러나오. 그의 시에 자주 등장하는 '나'는 사건이나 사태의 자발적 주체로 설정되지는 않소. 말하자면 현상에 대한 적극적인 인식 주체가 아니오. 세계와 사물 앞에 놓여 있는 존재자 혹은 존재물로서의 주체이므로 부재와 망각 속으로 편입되어 사라질 헛것, 즉 실체 없는 주체이오.

내가 두 손으로 귀를 틀어막자
청동 늑대가 긴 혀로 내 손을 핥는다
내 손등에 푸른 구멍이 뚫리고 구멍에서
털이 숭숭 돋아난 글자 벌레들이 기어 나온다

나는 비명을 지르며 복도 끝으로 달린다
거대한 암흑이 나타나고 암흑 속에서
늑대 그림자가 둘로 넷으로 여덟으로 갈라지더니
팔방에서 나를 에워싸 포위한다
그때 덜컹, 나의 왼눈이 떨어져 바닥을 구른다
눈은 쇠구슬처럼 또르르 모자이크 바닥을 구르고
창밖 섬들 사이로 은하철도 3040이 내려온다
에테르라는 이름의 소녀가 차창에서 손을 흔든다
나는 가물가물 녹물 흐르는 남은 눈을 뜬다
그림자들은 사라졌고 부화한 새들이 복도를 날아다니고 있다
바닥이 쩍 갈라지더니 번개 문양의 틈에서
핏물이 솟아 붉은 하트 문양을 이룬다
오래전 죽은 시, 죽은 사랑, 텅 빈 세계,
내 애증의 밀어들, 인간의 몸을 탈옥한 말들…….
청동 늑대가 복도 끝에서 차갑게 소리친다

복도는 없소. 복도는 복도가 아닌 복도일 뿐이오. 복도일 수 없는 복도, 대상에 대한 시인의 의식을 최대한 소거시킨 유동적 존재물로서의 복도란 말이오. 가변 물질로서 복도로 존재할 뿐인 복도란 말이오. '없는 내'가 인식한 '없는 대상'으로서의 복도란 말이오. 그러니 복도는 아무것도 없는 망각이오. 망각으로 가는 복도일 뿐이오. 저기 보시오. 저 복도 끝에 악마처럼 입을 벌리고 있는 저 아가리, 저 부글거리는 용광로를 보시오. 사랑은 진통제일 뿐이오. 복도에서 벗어나는 길은 죽음뿐이오. 잘 기억하시오. 이 복도는 영원한 고통의 시공, 불가능한 구원의 꿈을 제시하는 모순의 존재물이오. 이미 사라져 존재하지 않는 형태로 존재하는 복도란 말이오.

바닥의 균열이 점점 커진다
하트 모양 핏물이 벽을 타고 천장으로 번지고
바닥의 균열이 벽으로 이어진다
그때 복도 비상구 계단에 나타나는 홀로그램 소년들
아홉 얼음 소년들 머리에 불이 붙어 있다
소년들 사이로 아까 마주쳤던 낯선 여자 하와가
태아 담긴 바구니를 들고 걸어온다
더 빠르게 갈라지는 바닥 갈라지는 벽

천장에는 h의 손 닮은 단풍잎들이 활활 나풀거리고
글자 벌레들이 다닥다닥 붙어
꿈틀꿈틀 잎맥의 운명선을 갉아 먹고 있다
하와는 태아 바구니를 내 발밑에 내려놓고는
함박꽃처럼 웃는다 아 저 텅 빈 입
저 캄캄한 방에서 울리는 파도 소리, 출렁이는 섬
내가 발밑의 우는 태아를 품에 안는 사이
아홉의 얼음 소년은 차례차례
촛농이 되어 흐르고 태아도 물이 되어 흐른다
나는 크롬, 고뇌와 번민에 사로잡힌
나는 비평 유령 크롬, 우울한 유령, 우울한 입김
바닥의 틈은 점점 더 커지더니
싱크홀처럼 나를 후루룩 빨아들인다
깊고 어두운 홀 속으로 국수발처럼 빨려 들어가
나는 혹한의 낯선 도시로 휩쓸려 간다
방금 자신으로부터 막 걸어 나온 론 울프 씨가
불 꺼진 쇼윈도 앞에 정물처럼 서 있다
언젠가 나였던 것 같은 사람
한순간 눈빛이 마주치기라도 하면

내가 다가가 어떤 온기의 말이라도 전하면
흰 입김이 되어 대기에 우수수 흩어질 것 같은 사람
공허 속에서 고독 속에서 지독한 한기 속에서
그도 그를 견디고 있는 걸까
나도 나의 사랑도 저체온증을 앓고 있다
나는 무엇일까 무엇의 헛것일까
사랑은 실체일까 실수일까 망상일까 참상일까
불 꺼진 쇼윈도 앞에 론 울프가 단독자로 서 있다
몸 전체가 퍼렇게 얼어 있다
쇼윈도 문이 열리고 일란성쌍둥이 주인이 나온다
정한아 시인과 똑같이 생긴 남자다
그들은 노란 쪽지와 음료를 론 울프에게 건네주고는
쇼윈도 건너편 B 빵집으로 들어간다
눈발이 그들을 젊은 수행원처럼 뒤따른다
침묵이 검은 바바리코트 차림으로 뒤에 서 있고
흩날리는 눈송이 사이로 수의 입은 노파 G가 걸어온다
지팡이를 짚고 느릿느릿 걸으며 혼잣말한다
론 울프(Lonne Wolff)는 자명한 실체야!
이 시대의 마지막 무정부주의자고 차라투스트라야

찬 대기는 그 말을 엿들었을까 삭제했을까
론 울프가 지하도 계단을 내려간다
니체처럼 시청 정문으로 가 그가 세계지도를 그릴 때
꿈일까 건물들은 하나둘 빵처럼 부풀고
B 빵집 2층 테라스에서 정한아 시인과 남자가
피를 탄 차를 마시며 도시를 응시 중이다
노란 쪽지엔 어떤 시 어떤 악보가 그려져 있었을까
수의 벗은 노파 G의 해골 나신과 나의 정면
두 시선이 엮이어 흑백 밧줄이 되는 혹한의 거리다
나는 비평 유령 크롬, 한 덩어리 무한
나는 떠도는 혼령, 무와 한 뿌리인 샴쌍둥이 나무
무엇이 나를 이 미궁의 도시(都市)로 이끈 걸까
무엇이 나를 이 도살의 도시(屠詩)로 이끈 걸까
나는 떠나간 론 울프의 아픈 등을 기억한다
척추가 허옇게 드러난 백야의 사막, 붉게 얼룩진 평원
그때 쇼윈도 우측 코너의 정육점에서
통유리를 깨고 청동 늑대가 튀어나온다
내 앞을 가로막고 읊조린다

난 궁금하오. 자아의 실체를 갈비뼈가 드러난 한 덩어리의 공허로 인식하는 태도 말이오. 자아의 부재, 존재의 공(空)과 망각을 응시하는 내적 시선 말이오. 저 론 울프라는 자를 이 도시로 불러들인 정한아 시인 말이오. 그녀가 론 울프를 당신과 나를 이 혹한의 도시로 불러들인 진짜 이유가 뭔지 궁금하지 않소? 론 울프가 친구들에게 하는 발언들을 통해 그녀는 그녀 자신의 시적 태도와 자세, 세계와의 대면 방식을 드러내고 있다고 난 확신하오. 그녀와 그녀의 쌍둥이 남자는 나와는 다른 겹의 세계를 보고 있는 듯하오. 그것이 뭘까. 겹의 겹으로 겹겹 무한 증폭하는 세계, 틈의 틈으로 틈틈 무한 분열하는 세계, 시차(時差)가 사라지는 세계, 공차(空差)가 사라지는 세계, 아니 행간(行間)이 사라지는 세계, 어휘들이 사라지는 블랙홀 세계, 그 암흑의 백색 우주. 난 궁금해 미치겠소.

먹먹한 악기 소리 아니
막막한 악귀 소리에 내 귀가 땅에 떨어진다
귀는 두 마리 부엉이가 되어 날아가고
청동 늑대는 잠시 말을 멈추더니

생각의 미로에 빠진 마담 로댕처럼 심각한 표정이다
구멍 나는 기억, 구멍 나는 말, 구멍 나는 백지
거대한 빵으로 부푼 건물들이
허공 중심부에서 시계 방향으로 빠르게 헛돌고 있다
언 손을 호호 불며 난 천천히 골목을 빠져나간다
다 빠져나오자 눈발이 멈춘다
시간이 멈추고 시선이 멈추고 동작이 멈추고
하늘이 도시를 뒤로 돌려 땅의 눈발을 거두어 간다
뒤따라오던 청동 늑대는 보이지 않고
마녀의 회오리에 휘말린 황야의 오두막처럼
나는 또 어딘가로 휩쓸려 간다 둥둥 몸이 떠오른다
나는 혹한기 꿈일까 낱말일까 건반일까
나는 눈먼 자 h의 혼령, 여긴 오즈의 마법 숲일까
흰 붕대를 둘둘 두른 기묘한 나무들이 보인다
노인 환자들이 나무 밑에 모여 있다
꿈속의 북유럽 호스피스 병원 같다
펄럭이는 대기 펄럭이는 새 펄럭이는 불빛
불빛을 찢으며 새 떼가 멀리 날고 있다
날갯짓할 때마다 허공에 흰 붕대를 풀어놓는 새들

병원 뜰에서 누가 사과나무 눈빛으로 서서
먼 곳을 바라보고 있다 성동혁 시인이다
나는 잠시 주변이 헷갈린다
그의 아픈 잠 속에 내가 불청객으로 잠입한 것인지
내 눈 뜬 꿈에 그가 원치 않은 초대를 받은 것인지
여름 정원인데 춥다 여름의 얼굴이
겨울의 악한 붓질에 다 지워졌다 내가 도착하는 순간
다시 시작된 여름 정원이다 아니
영원히 겨울 정원이다 죽음을 앞둔 자들의 안식처
혹은 아름다운 놀이터, 나는 고전적 혼령의 자세로 서
있다
내 없는 눈에 또렷이 비치는 없는 풍경 없는 사람들
사방에서 노인들의 입 여는 소리가 생생히 들린다
나는 깊이 숨을 들이마시었다가 내쉬면서
곁의 사과나무의 손을 만져 본다
찬바람이 나무의 머릿결을 흔들자 가지에서
푸른 아이들이 떨어진다
병원 뒷문 건너편 장례식장 창에 낯선 여자가
죽은 아기가 담긴 바구니를 들고 맥없이 서 있다

여자가 두 팔을 앞으로 내밀자 죽은 아기는
흰 모자가 되어 둥둥 공중을 떠간다
여자의 메마른 울음이 얼음 연못처럼 갈라져 퍼지고
사과나무는 뚝뚝 붉은 수액을 흘린다
폐광이 된 하늘이 서쪽 폐부터 딱딱한 진흙으로 변하더니
연쇄적으로 조각조각 떨어진다
이 참혹을 이 동시다발 순간을 시는 어찌 말해야 할까
이 참상을 이 무시무종 세계를 어찌 비평할까
함께 멸망하고픈 말-인간이라는 이 가혹한 육체
지상의 어떤 언어로도 설명 불가한 이 무방비 도시
내가 번민과 착란에 휩싸여
오도 가도 못하는 파도처럼 떨고 있을 때
청동 늑대가 잔물결처럼 또 내 앞으로 다가온다
파란 이마 파란 눈썹 파란 눈동자
파란 입술 사이로 번쩍 빛나며 자라는 송곳니
긴 혀로 내 목을 핥고 눈동자를 핥고는
낮은 물소리로 웅얼거린다

인간은 영원한 현재, 현전(現前)의 사태들로 구성되어 움직이는 기하학적 무한 다면체 괴물이오. 이 가변(可變)의 사태들이 새로운 관계를 낳고 관계는 다시 새로운 현재를 낳아 사물과 세계를 연쇄적으로 동시에 움직이오. 시 쓰기는 이런 사물과 세계를 언어들의 시련 속에 위치시켜 세계의 결여에 대해 질문을 던지는 행위요. 그러기에 사물의 결여, 존재의 결여, 언어의 결여에 대해 시인은 끊임없이 질문해야 하오. 그것이 자학 놀이, 유희 놀이, 비극 놀이라 할지라도 말이오. 그것이 추(醜)의 놀이, 악(惡)의 놀이, 폭소와 풍자의 폭풍 놀이라 할지라도 말이오. 나를 보시오. 이 뭉개져 흘러내리는 청동의 금속 살덩어리를 똑똑히 보란 말이오. 뱀처럼 흐르는 이 푸른 눈동자를 보시오. 난 점점 무한 속으로 사라지오. 난 당신이라는 그림자의 또 다른 그림자고 망각된 기억의 기억이고 환상의 뒤집힌 환상이오. 뒤를 돌아보시오. 아무것도 없다는 사실조차도 없는 공(空)의 세계, 고통과 부재만 남는 이 세계에서 환각의 제2 제3 제4 제5 제6 제7 제8 제9의 청동 늑대들이 떼를 지어 몰려오고 있소. 저기 저 초고층 유리 빌딩을 보시오. 창가에 앉아 「개안수술집도록」을 작성하는 해부의 h. 그는 25년 전에 죽은 자요, 그도 그의 환영이고 물거품이오. 얼굴도 등도 가슴도 내장도 없는 그가 내 꿈에 눈사람처럼 나타나오. 그도 당신도 영원한 현재, 현전(現前)의 사태들로 구성되어 움직이는 기하학적 무한 다면체 괴물들일 뿐이오.

나는 가물가물 눈을 뜬다
청동 늑대는 보이지 않고 정원도 노인들도 없다
사방에서 절벽이 나를 에워싸고 서 있다
파도 소리 울리는 h의 방이다
귀신고래의 눈이거나 미네르바의 부엉이 눈이거나
흑안(黑眼)의 밀실이다 모래 인간 h
그의 시는 최후까지 머나먼 극지고 겨울 내전이다
해저에서도 공중에서도 낙원에서도 땅에서도
내내 외롭고 그리운 외눈이다
섬의 해안선 따라 아까와는 다른 사체들이 널려 있다
어둠 속에서 고요히 피를 쏟는 상상력 사전들
물속에서 말들의 절규가 계속 울려 나오고
거울을 보니 나는 눈이 없다

동공은 텅 비어 어둡고 폐는 갈가리 찢겨 있다
정육점 갈고리에 걸린 고깃덩어리 육체
나는 기이한 살 흐르는 입방체
나는 떠도는 꿈 떠도는 부표 떠도는 악보
밤은 암흑 물질이고 시간은 나를 녹이는 염산 용액
창틀 바깥 세계엔 끝없이 눈보라가 치고
눈들이 뒤엉켜 흰 명주실 그물을 촘촘히 짜고 있다
포르말린 냄새가 진동하는 모래 인간 h의 방이다
새끼 잃은 짐승의 눈알 닮은 어두운 방
우주에 홀로 떠 있는 큐브 행성
촛불조차 없는 둥근 육면체, 회전체 방이다
짙은 어둠 속에서 빛 알갱이들이 천천히 떠내려온다
점점 커지면서 환한 악기점이 보인다
흑색 나비가 그려진 간판 아래 누가 서 있다
머리를 뒤로 묶은 조연호 시인이다
내가 이름을 부르며 악기점 골목으로 뛰어가자
연호는 눈사람처럼 녹아 흐르고
바닥엔 인도 악기 시타르만 떨어져 있다
불룩한 배 모양에 가늘고 긴 여인의 몽롱한 목

꽃잎 닮은 발자국 몇 녹아 입술 스민
얼룩 자리에 그의 밤은 가시나무가 되어 서 있다
빈 가지에 걸려 나부끼는 옷과 피아노
바람이 불자 우수수 건반들이 이빨처럼 쏟아진다
아 우리의 뜨겁던 말들은 다 어디로 날아가고
체온 낮은 음악만 빨래처럼 나부낄까
나는 시타르를 어깨에 둘러매고 골목을 빠져나온다
등 뒤에서 철벅철벅 뒤따라오는 물소리
걸음을 멈추고 돌아서니
검은 가죽 재킷 걸친 장발 머리 자정이다
밤의 맨발이 땅에 닿아 지르는 유리 벤 물소리
공중에서 바닥에서 환청처럼 들려온다
사방엔 잠 못 들고 녹물이 되어 흐르는 사람들 숨소리
아 나는 떠도는 꿈 떠도는 배 떠도는 음표
악기를 둘러매고 저벅저벅 걷는데
잔잔하던 하늘이 붉은빛으로 출렁거리고
좁은 골목을 따라가자 키 낮은 담쟁이 집이 보인다
연호의 첫 시집에서 마주쳤던 「죽음의 집」이다
마루에서 한 여자가 죽은 사람을

흰 천으로 덮어 놓고 손으로 입을 가린 채
담 너머 공중을 바라본다
새들이 날아간다 저 새들도
인간처럼 나무처럼 돌처럼 지구처럼
생명 이전 존재 이전으로 날아가는 중일까
담쟁이잎을 톡톡 건들며 담을 따라 걷는다
나는 계속 걷고 있다 난 계속 동사다
사람도 기억도 동사, 타동사이자 자동사 육체들
나는 비평 유령 크롬, 생사의 음지를 배회하는
나는 떠도는 혼령, 고독한 시간 여행자고 공간 방랑자
나는 어디로 가는 걸까 정말 여긴 어딜까
죽은 자들의 죽지 않는 흙 속일까
낙원일까 악지일까 망지일까
고대인들로부터 상속된 인간의 꿈속일까
난 아직 내 잠의 상속세조차 내지 못했는데
그때 문득 청동 늑대가 골목 모퉁이에 나타난다
둘로 넷으로 여덟으로 갈라지더니 동시에 소리친다
크롬, 당장 돌아가! 너의 상한 육체 속으로
맨 앞의 덩치 큰 늑대가 달려들어

내 어깨에 걸친 악기를 빼앗아 내팽개친다
인간의 기억은 묘비를 흐르는 찬 빗소리일 뿐이야
크롬, 어서 돌아가! 너의 눈먼 묘실로
청동 늑대는 송곳니로 내 왼 팔뚝을 물고 흔든다
주르르 흐르는 핏물, 피를 따라 흐르는 흑백 기억들
나는 옷을 찢어 상처를 감싸고 반문한다
청동 늑대들아 너희에게 말은 음은 시간은 무엇인가?
생사의 비평적 기록은 어디까지 가능한가?
너희는 기억의 샘을 보았는가?
너희는 망각의 화산이 어디에 존재한다고 믿는가?
내 말이 끝나기도 전 어둠 속에 숨은 늙은 암컷 늑대가
어린 수컷 늑대들 사이로 머리를 내민다

크롬, 착각하지 마오. 기억은 '사건+감각+상상+시간'의 방식으로 재창조되는 산물일 뿐이오. 어떤 기억의 시는 무조음악을 지향하오. 시간의 흐름 속에서 지나친 사물의 순간, 풍경의 순간, 사랑의 순간, 슬픔의 순간 들을 즉흥적 악사처럼 이미지로 채색하여 침묵과 비의의 바벨탑을 세우려 하오. 고대의 문자와 종교와 신화, 철학적 잠언과 죽음에 대한 사색, 사어(死語)와 폐어(廢語)의 복원, 신과 인간, 선과 악, 동양의 윤리와 서양의 미학 등은 그런 시를 어두운 비의로 물들이는 주요 테제들이오. 상징과 암시로 가득 찬 비밀의 문장들, 고대의 천문 제의와 현대의 타락한 서정이 뒤섞이오. 현기증을 일으키는 해독 불능의 문장들, 거세 불안과 공포에 시달리는 병리적 문장들, 어둠으로 꽉 찬 암흑 향의 세계를 그리오.

주먹으로 수컷 늑대의 턱을 갈기고
난 우울하게 바닥을 쳐다본다
부서진 악기 파편과 튕겨 나간 현들
파편들이 문득 찢긴 기억의 한순간을 불러온다
커다란 흰 종이를 방바닥에 깔아 놓고
취중의 무작위 대화를 즉흥적으로 적는 연호의 손
천문과 우주, 고대 철학자와 동양의 고전들
물리와 수리의 세계, 육각형과 입방체, 이등변의 세계
나는 두서없이 지껄였고 그는 빠르게 적었다
그랬지 그는 대나무 악사, 마디마디 슬픈 눈망울
그랬지 그날 그는 기록자, 나는 중얼중얼 헛소리하는 새

그랬지 그날 그가 내가 잠들 때까지 연주해 준
줄 끊긴 악기 시타르에 붙어 움직이던 손
그가 구워서 보내 준 수십 장의 아트록 음반들
문득 뒤돌아보니 청동 늑대들은 사라졌다
바람의 잔음과 잔향만 텅텅 내 가슴에 울리고
공중 가득 눈발만 거미 떼처럼 매달려 흔들리고 있다
바람에 흐늘거리는 저 무수한 눈들의 서커스
연호야, 우리의 시는 음악은 추억은
어디서 와서 어디로 가는 찰나의 아픈 곡예들일까
공중으로 음표들만 종이배처럼 떠가는 밤이다
물결 파문 따라 출렁출렁 떠가는 나
나는 비평 유령 크롬, 모래 인간 h의 혼령
나는 떠도는 꿈 떠도는 칼 떠도는 핀셋
겹겹 눈의 거리를 지나니 구불거리는 머리카락
저 암흑 속의 무수한 모발들 별자리들
은하수는 모두 우리 아픈 살 아픈 혀가 아닐까
다시 어둠 속을 홀로 걷는다
나는 살이 찬 떠돌이 혼령, 갓길 따라 걷는다
협심증 앓는 노인의 관상동맥처럼 비좁아진 밤길

스텐트를 삽입해 간신히 피가 흐르는 도로
나는 지금 어디로 휩쓸려 가는 걸까
나는 그는 지금 어느 망막의 역에 도달하는 중일까
그도 떠도는 입술 떠도는 돛배 떠도는 무인도
한참을 걷다 보니 홍대 앞이다
아 기억난다 연호가 인디 밴드로 활동할 때
공연 후 밴드 멤버들과 맥주 마시며 낄낄 떠들던 술집
훗날 그는 강정과도 밴드를 결성해 의기투합했었다
시인 강정 아니 강기림, 난 그 이름이 더 좋다
그에게 보낸 문자에도 그렇게 답했었다
광기와 야수의 즉흥적 감각으로
자신의 육체에 깃든 괴물체와 이질적 풍경들을
세계 속으로 끄집어내는 폭발력 광인
King Crimson 「Epitaph」 기억은 또 혼을 긁어 대는데
내 침묵 속의 아린 피를 어떻게 눈치챘을까
청동 늑대가 커튼처럼 홀연히 나타나
비통한 감정으로 중얼거린다

인간의 육체와 영혼에 찰거머리처럼 붙은 죽음의 악귀

들을 불러내 처형하는 과정이 강정의 초기 시 세계였다면, 세계의 근원과 시간의 원(圓)적 순환에 대한 사색은 중기 시를 관류하는 주요 물줄기요. 가시적 세계와 비가시적 세계를 동시에 응시하는 겹눈의 화자들을 통해 그는 사물의 내재적 시간, 시간의 크레바스와 단층 들 속으로 들어가오. 사물들이 처한 고독과 유폐의 처소에서 잃어버린 사물들의 시간을 새로이 발명해 내오. 메마른 사막의 모래들, 어두운 땅속의 뿌리들, 빛이 차단된 강바닥의 돌 같은 고립된 사물들을 통해 자신의 고통을 응시하고, 세계와 자신이 결국은 하나의 점(點)임을 자각하오. 이 뼈아픈 자각 통증이 한 알의 돌에서 무한의 천체를 보는 급진적 상상력을 불러일으키오. 그에게 세계는 영원히 완결될 수 없는 책이고, 인간은 끝없이 확장되며 이동하는 불가해한 변이물일 뿐이오.

나는 크롬, 눈동자 속을 걷고 있다
나는 떠도는 혼령, 철벅철벅 안구 속을 걷고 있다
두 발이 디디는 땅 밑에서 풍겨 온다
흙 썩는 냄새 살 썩는 냄새 죽임당한 자들의 아우성

아 공중에서 둥둥 떠내려온다
저 달은 노란 화분, 누군가의 모자였던
저 달은 노란 욕조, 누군가의 구두였던
저 달은 노란 침대, 누군가의 관이었던
오늘 밤 하늘은 낙서투성이 해변, 거대한 편지지
오늘 밤 별들은 무수히 흩뿌려진 모래알 글자들
오늘 밤 책갈피에서 떨어져
새벽까지 밤거리를 배회하는 집 없는 어휘들
오늘 밤 어둠은 폭포, 우주가 흘리는 눈물
오늘 밤 너의 목숨은 모래 한 알
오늘 밤 너의 눈빛은 5억 광년 어둠 속을 달리는 빛
오늘 밤 너도 사람이 아닌 귀신
오늘 밤 우린 아픈 영혼들, 반(反)기계운동
세상 모든 상(像)을 절멸시키는 원운동 속에서
너는 응결 중이다
우린 광음, 우린 핏방울
우린 섬광, 우린 거처 잃은 혼령들
시간은 매순간 터지는 찰나의 물방울이고
사람은 누구나 최초의 책이고 최후의 문장이니

오늘 밤 나는 토(吐)한다
나를 토하고 흙을 토하고
밤을 토하고 실성한 말을 토한다
죽은 자들의 결코 죽지 않는 입술과 웃음과 비명을
아 울린다 어디선가 강물 소리 기타 소리
처연한 기타 선율이 살에 스민다
강물 바닥에서 울려 나오는 돌의 탄식들
강물 살갗에 빌딩들이 빠져 물풀처럼 일렁이고
나는 걸음을 멈추고 소리의 첫 샘을 찾는다
강 건너 둑에 혼령들이 줄지어 손을 흔든다
그들 손에 마찰되는 밤의 거칠거칠한 대기
그들 손은 모두 작은 악기다
부러지거나 꺾인 채 나뭇잎처럼 펄럭이는 손들
이승과 저승의 물길에 마주 서서
나도 손을 흔든다 머지않아
나도 저 강가에서 여기로 손을 흔들겠지
돌아보면 사람은 모두 슬픈 악기
산 사람은 비명의 악기, 슬픔의 악기, 악의 악기
죽은 사람은 숨 쉬는 악기, 침묵의 악기, 웃는 악기

강 저편 빌딩 숲이 빵처럼 솟아오르고 있다
아 저 직립의 찐빵 봉분들
유리 밀림을 밤새 배회 중인 인형들이 보이고
번들거리는 불빛 사이로 새가 날다
대기 속으로 점이 되어 사라진 후
나의 발밑 땅이 밀가루 반죽처럼 출렁출렁
그때 강의 하류에서 역류한 바람이 내 얼굴을 때린다
그때 발에 밟히는 검정색 돌멩이 하나
땅에 떨어진 나의 얼굴 같다
그때 돌멩이 밑 습한 흙에서 청동 늑대가 튀어나와
없는 나의 두 눈을 뚫어져라 응시한다
늑대의 얼굴 가득 푸른 녹이 세계지도처럼 번져 있다
독 오른 눈으로 늑대는 속삭인다

자 보시오. 인간이 건설한 장엄한 문명 도시가 수만 년의 시간대를 거슬러 역류해 하나의 점, 무(無)에 다다르고 있소. 강바닥에 놓인 돌의 탄식은 시인 자신의 뼈아픈 탄식이자 눈물 번진 자기 고백이오. 돌은 자신의 전 생애를 지워 버리고 얼음 속에 갇혀 버린 시인의 차가운 혼백이오. 어두운 강바닥에 유폐된 채 기타 소리로 사람을 죽였다고 말하는 순연한 혼백이오. 죄의식에 사로잡힌 돌의 탄식은 존재에 대한 시인의 비극적 자기 고해인 셈이오. 이 진정성과 삭제된 울음이 내 마음을 아리게 하오.

다시 어둠 속을 걷는다
저 컴컴한 강물을 떠내려가는 통나무들처럼
언제쯤 이 흑안(黑眼)의 방을 통과해
난 시간의 하류 삼각주에 닿아
이 길고 험한 혼탁의 표류를 멈출까
내 머리 위로 철교가 철벅철벅 지나고 있다
철교를 지나자 무성한 갈대밭이다
경찰차 세 대가 빨간 불빛을 깜빡거리고 있다
한 시간 전에 익사체가 발견된 현장
젊은 낯선 여자인데 목 졸린 손자국이 남았다
난 어디선가 본 듯한 착각에 빠진다
아 아아 이 밤의 강물과 대기는
저 흉흉한 사건의 전말을 알고 있을까
저 젊은 여자는 왜 주검으로 변해 나와 마주친 걸까

내게 전할 무슨 말이라도 있었던 걸까
알 수 없다 날마다 터지는 미증유 살인 사건들
이 도시는 부조리 사건의 연쇄 폭발 장소고
거대한 미궁의 시신 도서관이다
사고에서 서고로 끝없이 갈라지는 미로
죽은 자는 많으나 죽인 자는 아무도 없는 베일의 도시
죽음이 날마다 파리 떼처럼 번식하는 도서관
죽음은 산 자의 몸에 뿌리내린 강철 꽃나무이니
더욱 무성히 가지를 뻗으리라
죽음은 산 자의 몸에 뿌리내린 강철 고구마이니
흙을 뒤집어 잘 자란 줄기를 꺼내리라
그날이 올 때까지 우리 주검이 발굴될 때까지
나는 나의 최후 매장지고 너도 너의 최후 유적지다
어디선가 고구마 타는 냄새가 훅 번져 온다
후각은 때로 기억을 느닷없이 불러오니
죽은 지 이틀 만에 시체에서 머리카락이 갈대만큼 자라 있었다
이렇게 시작하는 시 「공모(共謀)」가 떠오른다
왜 갑자기 정재학 시인의 이 시가 떠올랐을까

시체를 옮기는 그림자들과 고구마 자루
주검의 목격 후 뒤따른 상상들이 내 기억을 점령해
나를 말의 수용소에 가둔 걸까
예고에 없던 생각과 밤이 나를 포박해
내 두 발을 40분 떨어진 곳으로 다시 옮긴다
도대체 여기는 어디일까
나는 그물에 사로잡힌 물고기처럼
어둠에 사로잡혀 천지 사이를 파닥거린다
재학과의 추억들이 떠오른다 오래전 청주 상당산성
김언도 김참도 재훈도 의수 형도 함께 취해 놀던 여름
그때의 시간과 그의 시가 어떻게 이 순간
이 혼미한 밤길, 이 창백한 흑색 안구에 밀려 들어와
나의 가슴을 고구마 빛깔로 물들일까
나는 누구의 파괴된 꿈일까
나는 나의 실체일까 환각일까 불빛일까
나는 모래 인간 h의 혼령, 그의 안개 빛깔 환영일까
아 나는 나로부터 영원히 지연되는 도착지
도착은 영원히 도착하지 못할 역
기차는 이미 떠나 없고 허공 가득 기차 소리뿐이니

나의 기억도 환청일까 상상일까 망상일까
그의 기억도 찬 서리 덮인 아라베스크 유리창일까
공중으로 또다시 음악이 울린다
저 차가운 소리는 어디서 날아오는 금속 새 떼일까
정말 여긴 어딜까 밤의 도시일까 물속일까
아 왜 이렇게 내 몸이 찰까
나는 몸이 없는데 왜 모든 감각을 실감으로 느낄까
철벅철벅 누가 또 내 뒤를 따라오고 있다
발소리는 점점 커지더니 내 등 뒤에서 딱 멈춘다
파랗고 무거운 턱이 내 어깨를 문다
돌아보니 파란 눈의 청동 늑대다
얼굴에 철사에 긁힌 자국이 깊게 파였다
측은하고 가련한 눈빛, 눈 밑으로 흐르는 퍼런 녹물
늑대가 목소리를 잃은 노파의 음성으로
꿈을 망각한 눈빛으로 읊조린다

정재학은 꿈과 환각, 합리성이 와해된 도착(倒錯)적 상상력, 그로테스크한 몽상을 펼치는 시인이오. 그에게 공간은 이성과 환각적 꿈이 중첩되는 국경 지대고 시간은 인간의 로고스가 휘발되는 무시간의 시간이오. 그는 시가 음악이 되길 꿈꾸는 이지적 샤먼이오. 음(音) 자체의 리듬과 에너지를 색(色)으로 치환하려 하고 성(聖)과 속(俗), 초현실과 현실을 한 육체로 그리려 하오. 그로테스크 세계, 무속의 세계, 제의(祭儀)의 세계가 펼쳐지는 건 그 때문이오. 그로테스크 미학은 비례와 균형, 질서와 통일성, 도덕과 윤리를 위반하는 반(反)미학을 토대로 하기에 현실 자체보다 현실이 은폐한 구조들을 파괴하려 하오. 현대 시의 초현실성은 이러한 감각의 전이, 헛것 구조물과의 싸움에서 발생하오. 이 전이와 싸움이 착란과 도착의 세계를 낳으오. 시각을 시각으로 뭉개 버리는 음(音)의 세계, 풍경과 언어와 음악이 공생하는 화음(和音)의 세계가 태어나오.

천천히 눈을 뜨니 파도치는 방이다
책상이라는 섬, 해안선 따라 사체들이 널브러져 있다
하얀 피부 검은 머리칼 푸른 눈이 달린 물고기 책들
죽어서도 숨 쉬는 생물들, 내가 쓰다듬자
꿈틀 굽은 몸을 푸르르 떠는 책, 반짝거리는 등에
성게와 불가사리가 다닥다닥 붙어 있다

울컥, 해초와 모래를 토한다
수면 밑에서 노파 G와 눈동자 달이 떠오른다
노파의 가슴에서 끝없이 새어 나오는 흰빛
눈망울 달은 방울방울 노란 즙을 뿌리고
노파와 달 사이로 푸른 물고기들이 뛰어오르고
해안 절벽 위에 청동 늑대가 서 있다
나는 비평 유령 크롬, h의 상한 몸을 만진다
등엔 별자리 문신, 복부엔 세계지도가 얼룩져 있고
살을 찢고 푸른 멍들이 꽃피어 있다
명치에 흐르는 모래 달빛, h는 고요히 적막에 들었다
벽을 타고 천장으로 석류 빛깔 음악이 번지고
내 눈도 바닷물에 젖어 퍼렇게 변했다
나는 떠도는 혼령 떠도는 새 떠도는 음표
모래 인간 h의 동공 속으로 스민다
태초의 침묵 속으로
태종의 암흑 속으로
끝없이 돌고 도는 무한의 우주 속으로
나는 계속 미끄러져 스민다
눈동자 바깥의 바깥 평행 세계, 환생하는 방이 보인다

영원히 멀미 중인 흑안(黑眼)의 방
거기, 스탠드 앞에 모래 인간 h가 또 앉아 있다
피범벅 된 두 손엔 메스와 핀셋, 실이 꿰인 바늘과 펜
옆구리로 스르르 흘러내리는
모래, 모래알들

작품 해설

이학 전공자의 시적 공학

박혜진(문학평론가)

자연과학에서 융기한 시적 공학

인문사회과학이라는 말이 있다. 인문학적 통찰과 데이터 분석 능력을 결합해 인간 사회와 문화를 체계적으로 연구하는 학문 분야라는 뜻이다. 그러나 인문사회과학을 과학(Science)이라고 생각하는 사람은 없을 것이다. 보편 진리나 법칙 발견을 목적으로 하는 체계적 지식을 과학이라 할 때, 정량화에 근거해 규칙화를 시도할 수 없는 사회 문화 현상은 그 최소 조건조차 충족시키지 못하기 때문이다. 그렇다면 인문사회과학이라는 말의 정체는 무엇일까. 시쳇말에 불과한 걸까? 실현 가능한 도달점일까? 시쳇말도 아니지만 도달점도 아닌 이 말에 확실한 진실이 있다면 객관의 토대 위에서 과학성을 추구한다는 것이다. 그

점에 근거해 인문사회과학의 정체란 지향의 언어라 할 수도 있을 것이다.

자연과학을 지향하는 예술의 역사는 유구할 뿐더러 자연과학에서 비롯된 예술도 있다. 고대 그리스의 철학자이자 수학자였던 피타고라스는 음악을 분석한 최초의 인물로 여겨진다. 그의 실험을 통해 현의 길이와 음정 간의 비례관계가 발견됐고, 이 발견에서 "수와 비율이 조화(하모니)의 본질"이라는 생각이 탄생했다. 음악이 수학이라는 관점 역시 여기에서 시작됐다는 시각은 이제 상식이다. 비교적 최근의 예도 있다. 이탈리아 작가 프리모 레비도 산업 화학자였다. 그의 산문집 『주기율표』에는 원소에서 시작된 생각이 꼬리에 꼬리를 물고 이어진다. 물질에 관한 사유와 심연의 인간 존재론이 교차될 때 그 간극에서 빚어지는 성찰은 몰락한 인류애와 그 잔존에 관한 어떤 서사보다 더 빛을 발한다. 이러한 사례는 수학적인 분석이나 과학적인 언어, 즉 자연과학의 '체질'이 예술과 배치(背馳)되기는커녕 오히려 더 특색 있고 견고한 예술을 가능케 한다는 주장의 바탕이 된다.

시는 어떨까. 고트프리트 벤은 독일의 유명한 시인이자 의사였다. 『올페의 죽음』은 해부학적 이미지, 인간의 육체와 죽음에 대한 차가운 묘사를 반복할 뿐 아니라 최소화된 감정과 객관적인 응시로 절망적인 세상에 포박된 채 움직임을 잃어버린 삶을 그리며 20세기적 쓸쓸함을 호소

력 있게 전달한다. 국내에도 이런 사례는 얼마든지 있다. 이상의 직업은 건축가였고, 김춘수의 시에는 공학적 사고와 시적 사유가 공존하며, 공학도 출신이었던 이승훈은 시와 반시(反詩) 사이에서 시어의 궁극적 목적인 사유의 역동을 이뤄 냈다. 그 계보를 수학도 출신의 시인 함기석이 잇는다. 함기석의 시에 나타나는 함수 그래프나 수학 기호는 형태적 차원에 머무르지 않고 우주의 질서와 인간 존재, 그리고 사회를 구성하는 역학의 본질을 탐구하는 무형의 틀로 작용하며 독창적인 언어가 된다. 요컨대 시에는 분명 자연과학적 측면이 있다. '시의 기호학'은 그 필요성과 당위성을 입증한다.

그러나 공학적 특성을 공유하는 시는 그 특성으로 말미암아 도식적 구조 속에 함몰되어 어설픈 낭만으로 귀결되는 일도 흔하다. 독창성과 실험성을 향한 시인의 의지와는 별개로 쉽게 고리타분해질 수 있으며 무엇보다 사람들의 뇌리에 박히기 어렵다는 '핸디캡'도 있다. 이상의 「오감도」는 대표적인 기호학적 시다. 한국의 현대 시 전공자들에게 새로운 해석에 대한 도전욕을 불러일으킨다는 점에서 고전의 위상을 갖는 한편, 이상의 시가 그의 삶과 함께 신화화되었음을 부정하기 힘든 것과 마찬가지로 그의 시가 독자들에게 이해되는 시였다고 말하기도 힘든 것이다. 『뽈랑 공원』, 『오렌지 기하학』, 『힐베르트 고양이 제로』, 『디자인 하우스 센텐스』, 『음시』 등 함기석은 개념과 추상의 기표를 나무, 콘크리트, 금속 삼아 이 세상의 비가시적인 것들을 포획하는 비존재의 집을 건축함으로써 난망한 소통의 길을 걸어왔다. 도식화나 낭만과 거리 둔 채 독자적인 길을 걸어온 함기석 시인이 시적 공학의 전통을 이어받고자 했을 때 그가 선택한 것은 독자 없는 조용한 세상이기도 했다. 자신 앞에 펼쳐질 고독하고 쓸쓸한 길을 시인이 몰랐을 리 없고, 그 예감은 어느 정도 현실이었을 것이다.

위대한 도전은 우선 끈질긴 도전이어야 한다. 결국엔 좌초되고 말 거라고 함부로 예단하는 근시와 속단의 시선 속에서도 함기석은 끝내 자신의 언어를 포기하지 않음으로써 누구도 가 보지 못한 심해에 다다랐다. 이상에서 이승훈으로 이어지는 공학적 시 쓰기의 상속자이자 승계자로서 함기석이 등단 33년째에 펴내는 이 시집은 그가 지켜 온 시적 순수의 결정(結晶)일 뿐 아니라 도달점보다 높은 지향점의 언어로 일구어 낸 살아 있는 화석이다. 이제 그의 언어는 하나의 신호체계처럼 독자를 반응하게 만든다. 이 신호가 없다면 길 위의 질서는 한순간 사라지고 말 거라는 두려움으로 우리는 함기석의 언어 안에서 실존하는 독립적 세계를 해독한다. 이 세계는 함기석이 사라진다 해도 오래도록 계속될 살아 있는 화석의 시간이 흐른다. 인문사회과학이라는 독립 분야에 필적할 만큼 함기석 시적 존재감은 뚜렷하여, 이번 시집에는 그의 고독에도 마침

내 끝이 오리라는 따뜻한 예감이 감돈다.

구조(構造)주의를 초과하는 구조(救助)주의

연작시는 여러 편의 시가 하나의 주제나 형식적 연결을 통해 유기적으로 구성된 시 모음이다. 각각의 시가 독립성을 가지면서도 전체적으로는 하나의 큰 구조(構造)나 서사를 형성하는 것이 그 특징이다. 대표적인 연작시로 이상의 작품이 있다. "13인의 아해가 도로로 질주하오"라는, 마치 보드게임의 지시어 같은 문구로 널리 알려진 「오감도(烏瞰圖)」는 30편으로 기획되었으나 15편에 그치고 만 연작시다. 제목은 까마귀 시점에서 본 도시도(圖示圖)를 의미한다. 수학적 기호, 여기저기 부서진 문장들, 돌연하게 등장하는 외래어 등이 소외로 가득한 도시 문명의 내적 공황 상태를 과장되게나마 핍진하게 환기한다.

1922년에 발표된 T. S. 엘리엇의 『황무지』는 5부로 나누어진 연작시로, 현대 문명의 파괴성과 정신적 황폐함을 다층적으로 보여 준다. "사월은 잔인한 달"이라는 원망 어린 선언으로 시작되는 이 시에서 생명과 재생은 아무것도 잡히지 않는 허공이고 문학과 예술은 타락한 추억이며 도시는 박멸된 흉가에나 견주어질 뿐이다. 엘리엇은 악몽 같은 이 현실을 불모의 땅인 '황무지'에 비유한다. 『황무지』

만큼이나 세상을 움직였던 연작시로 월트 휘트먼의 『풀잎』이 있다. 스티브 잡스가 가장 좋아했다는 이 시집은 자연 속에서 자그마하게 존재하는 개인의 가능성을 찬양한다. 물질과 육체를 강조하면서도 정신과 영혼도 간과하지 않으며 사랑, 우정, 국가, 죽음, 생명, 희생 등 자아의 확장과 통합이라는 중심 주제를 반복, 변주하며 인간 삶의 편협한 차원을 광활한 차원으로 증폭시킨다.

어지러운 세상을 명명하거나 그럼으로써 세상에 응전하기 위해 시인이 던지는 출사표가 시라면, 연작시는 게릴라전, 고지전, 국지전이 혼합된 장기전이라 할 만하다. 그만큼 총체적이고 전면적이며 필사적이다. 단순하고 느슨한 연결이 아니라 세계와 인간을 재조직하는 구조물이기 때문이다. 연작시는 다양한 스타일을 갖되, 부분적인 의미보다는 전체적인 구조와 이미지 등의 형식을 통해 주제를 표현한다는 점에서는 일관된 특징을 공유한다. 따라서 현실과 긴밀한 작용을 주고받는 실천적 문학과 구분되는 문학의 순수성, 예술적 독자성이 강조되기 마련이다. 『황무지』와 『풀잎』은 각각 20세기, 19세기의 물질문명과 그 안에서 뒤틀리고 메말라 가는 인간 영혼, 그러므로 의지할 수밖에 없는 생명성을 인간과 그들이 속한 사회의 구조를 통해 재현한 역작들로 평가받는다. 그 뒤를 잇는 또 한편의 중요한 연작이자 역작이 우리 앞에 도착했으니, 함기석의 『개안수술집도록』이다. 『개안수술집도록』은 21세기의 정신병리적인 사회가 앓고 있는 병변과 환부를 드러내는 동시에 과감한 치료를 시도한다. 연작시의 테마는 수술과 병동이다. 시집은 다섯 개의 병동으로 구성되어 있다. 병동 k, 병동 o, 병동 r, 병동 e, 병동 a. 알파벳만 떼어 놓고 보면 다섯 개의 병동으로 이루어진 병원의 이름은 korea, 이른바 '한국'이다.

프로이트는 현대 심리학의 무대에서 사실상 퇴물이 된 배우다. 그러나 문학적으로 프로이트는 여전히 자신의 역할을 가진 노장 배우로 건재하다. 불가해한 어둠에 휩싸인 인간의 거처를 '법정'에서 '병원'으로 옮겨 놓았기 때문이다. 이 이동은 단순한 위치 이동 그 이상의 의미를 가진다. 사회에 합류되지 못한 인간을 처벌과 격리의 대상에서 무의식을 가진 탐구의 대상으로 재발견했기 때문이다. 그러나 프로이트도 예상하지 못했던 진실이 있으니, 우리가 존재하는 일상이 곧 병원이 될 수 있다는 희비극이다. 오랫동안 내게는 우리가 거대한 병동에서 살아가고 있는 것이 아닌가 하는 의구심이 있었다. 멀쩡한 척 아무렇지도 않은 표정으로 서로를 마주 보고 있는 우리는 얼마나 두꺼운 가면을 쓰고 있는 걸까. 그런 생각은 때로 위안이 되었지만 대체로 공포의 근원이었다. 시인의 표현을 빌리자면 "신(新)공포 시대"(57쪽)가 도래했음을 몸이 먼저 느끼고 있었던 것이다.

이 시집은 서랍 속에 밀어 넣어 두었던 나의 의구심을 확신으로 바꿔 주는 유일하고도 결정적인 물증이다. 『개안수술집도록』은 병든 한국과 한국인을 투시하는 엑스선이고, 각 병동에는 증상에 대처하는 수술들이 집도되고 있다. 수술의 목적은 개안(開眼). 저마다의 수술방에서 벌어지는 세기의 수술은 과연 성공할 수 있을 것인가. 수술이 끝나면 우리는 눈뜰 수 있을 것이며, 그때 보이는 것은 지금 보이는 것과 다를 수 있을 것인가. 물론 천연덕스럽게 질문을 던지고 있는 나도 집도의의 손길을 기다리고 있는 병든 환자일 뿐이다. 그 점에서 이 시집을 읽고 있는 당신도 나와 다를 바 없으리라. 도열된 몸들과 몸들로 비유되는 연작 구조(構造)의 언어들은 몽롱한 언어로 구원을 약속하는 대신 피지컬로 먼저 육박해 오는 물질적인 언어로 구조(救助)를 시도한다.

병변(病變)의 은유

시집의 전반부에 수록된 시편들 사이에는 눈에 띄는 공통점이 있다. 각각의 시를 통제하는 일관된 분량이다. 한 페이지를 넘기지 않는 시편들은 마치 동일한 규격의 침대에 누워 있는 창백한 카데바(cadaver)처럼 어떤 의지도 없이 발가벗겨져 있다. 사건과 사고는 이미 벌어졌고 사건의 경위들은 예측되거나 추측, 발견되거나 발각되는 중이다. 손쓸 수 없는 사건과 사고는 시간이 갈수록 부패하고 그럴수록 사건의 실체와 진상은 우리에게서 더 멀어져 간다. 단순화를 무릅쓰고 요약하자면 '병동 k'에서는 존재하는 것들, '병동 o'에서는 부재하는 것들, '병동 r'에서는 시간 이동과 함께 드러나는 존재의 이면, '병동 e'에서는 공간 이동을 통해 드러나는 존재의 실상, '병동 a'에서는 시비평의 추억을 안고 있는 비평 유령 크롬의 발화가 이 시대의 병변들을 백색 조명 아래 가감 없이 드러내고 있다. 시집은 에피소드적 삽화에 대한 기록적 관찰에서부터 관념적이고 추상적인 사유로 이어지다 상상의 언어로 나아간다. 가까운 곳부터 회진해 보자. 먼저 k, o, r 병동이다.

분야는 역사, 정치, 사회, 문화, 경제, 심리, 문학 등 현대인이 도시에서 생활하며 직간접적으로 겪어 내는 손상된 영역들이 총망라되어 있다. '집도 제32'는 코리아증권사 빌딩 13층에서 떨어진 빨간 사과 한 알의 죽음과 그 경위에 관한 진실을 좇는다. 시에서 사과는 뉴스에서 단신으로 보도되는 직장인의 자살과 병치되는데, 그럴 때 이 시가 해결해야 하는 대상은 뛰어내린 어느 직장인의 운명과 그가 살았던 사회의 조직적, 문화적 부조리일 것이다. 시는 마치 도시의 허공을 수놓는 무수한 시시티비처럼 연민 없는 눈으로 추락해 박살 난 존재를 부검한다.

'집도 제29'는 한반도라는 지정학적 위치를 누나와 매형이라는, 거리가 특정되지 않는 관계 속에서 제시하며 시작한다. '나'는 중병이 들었고 누나는 그 병을 없애려 애써 보지만 모든 것은 점점 더 굳어져 가기만 한다. 딱딱하게 굳어 가는 간은 "기이한 평화 반도"에 다름 아니다. "미(美)의 손이 전지가위로 가시 돋친 혀를 싹둑 잘라내자 중(中)의 성기가 붉은 뱀으로 길게 자라나 목을 휘감아 죈다"는 삽화를 통해 미국과 중국 사이에서 옴짝달싹 못 한 채 "매형의 간처럼 굳어 가고" 있는 한반도의 지정학적 운명이 적시된다. 시는 마치 상공을 비행하는 드론의 시선으로 한반도의 처지를 한계 없이 관조한다.

"새벽은 코티솔을 과다 분비 중인 무척추동물이다"라는 문장으로 서글픈 물질적 밤을 묘사하며 시작하는 '집도 제(-)13'은 스트레스로 인해 질병에 시달리는 한 사람을 웹캠처럼 은밀한 시선으로 응시한다. 코티솔은 스트레스에 대항하기 위해 나오는 호르몬이다. 코티솔 분비가 많다는 건 그만큼 스트레스가 심하다는 뜻이고, 누군가의 잠 못 드는 새벽을 훔쳐보고 있는 것처럼 고요하되 각성된 상태로 이어지는 진술은 정신병리적인 세상에 관한 한 줄의 증언이다. "이 도시는 어느 짐승의 내분비기관일까 종양의 거리마다 불결한 안개, 틀니를 딱딱거리며 벤치에서 웃고" 있는 도시는 저체온증에 시달리는 중이다. 도시에서 불어오는 한기가 책을 뚫고 이곳으로 전달된다.

후반부에 해당하는 '병동 e'에서는 "공간 방랑자"의 인식이 가시화된다. 장소를 이동하며 나아감에 따라 선명하던 내용은 캄캄해졌다 이미지화되며 시적인 상태가 된다. 앞으로 나아간다고 해서 정보값이 쌓이는 건 아니며 정보가 없다 해서 잊히는 것도 아니다. 시간과 공간이라는 물리적인 실체가 드러나고 비선형적인 의미가 발생하는 과정에서 상관관계가 드러난다. 그것은 상관없음이다. '병동 a'에서 의미 부재가 가시화된다. 신화적인 서사 안에서 수술이 거행되고, "한 덩어리 무한"인 "비평 유령 크롬"이 시에 대한 자신의 생각을 밝힌다. 여러 시인들의 이름이 등장하며 그들의 시 세계가 언급된다. "현기증을 일으키는 해독 불능의 문장들, 거세 불안과 공포에 시달리는 병리적 문장들, 어둠으로 꽉 찬 암흑 향"(123쪽)은 조연호의 시에 관한 크롬의 해석이다. 완전히 독해할 수 없는 어느 시에 대한 적확하고도 아름다운 문장들은 신화 속으로 사라져 버린 비평의 현실을 다소 슬프게 추억하는 것 같다. 앞서의 시편들이 상해, 질환에 가까운 질병이었다면 '병동 a'는 노환, 향수(鄕愁)에 더 가깝다. 『개안수술집도록』은 인간사에서 만날 수 있는 다종다양한 육체적 심리적 상태에 대한 비유로써 사회와 세계의 현상태를 과학적으로 바라본다.

함기석이라는 기준

시인과 소설가가 현대사회의 사제와도 같았던 시절이

있었다. 고통받는 유한한 존재인 인간과 전지전능한 신 사이에서 신을 대리하는 존재로 위치하며 '말씀'을 전파하는 사제처럼 시인이나 소설가 역시 개인의 고통과 시대의 상흔을 치유하며 길 잃고 방황하는 사람들에게 가야 할 길을 알려 주었던 시절 말이다. 시인이나 소설가가 이 세상의 영매라 불리기도 했던 시절도 있었다. 지각하고 감각할 수 있는 세계와 보이지 않는 세계를 연결하는 초자연적인 존재에게 불안과 막막을 의탁하고 싶은 마음은 문학이라는 상상적 세계에서 오히려 현실성을 자각하는 원리와 유사한 데가 있다. 종교와 무속은 그 본질과 표현의 차이에도 불구하고 그것을 '소비'하는 사람들에게는 사실상 동일한 작동 원리로 '체감'되는 면이 있다.

그러나 시인이나 소설가가 현대의 의사라는 말은 들어 본 적 없다. 문학이 책을 매개로 소비되는 상품일지언정 의사의 일처럼 몸에서 일어나는 구체적인 변화에 필적할 만한 작용을 일으킬 수도 없거니와 생사에 직접적으로 관여하는 치명적 세계가 언어의 차원으로 상상되기는 어렵기 때문이다. 시인 함기석은 현대의 사제도 아니고 현대의 영매도 아니다. 그는 차라리 고대의 의사처럼 철학과 의학을 기둥 삼아 매스와 석션 같은 문장으로 시대의 폐부를 도려내며 세상사 병든 곳에 '개입'한다. 몸속의 병든 장기들을 과학의 눈으로 바라보듯 세상을 차갑고 정밀하게 들여다보며 정치적 종양을 제거하고 쇠락한 장기를 교체하며 인간 사회의 회복을 도모한다. '집도'라는 부제로 연결되는 시집은 구원을 구조로 '격하'시킴으로써 오히려 절망 속에서 희망의 생존 가능성을 격상시킨다. 이렇듯 객관화된 긍지의 시인과 한 시대를 함께하며 그가 찾아낸 단어와 문장의 수혜를 얻을 수 있다는 건 어둠의 시대를 살아가는 우리에게 축복이 아닐 수 없다.

문학은 손쉽게 구할 수 있는 진통제가 아니다. 상처 난 부위를 보호하는 깨끗한 밴드도 아니다. 문학이 손 닿을 수 없는 높은 곳이나 발 닿을 수 없는 깊은 곳에 있다는 말이 아니다. 전문가만 향유할 수 있는 문학이 따로 있다는 말도 아니다. 다만 문학은 적진의 한가운데를 공격하듯 본질과 마주해야 하고, 본질을 향해 쏘아 올리는 화살은 폐부까지 가 닿기 위해 자기만의 형체로 위장해야 하므로 독자적인 '이해의 과정'이 필수적이다. 함기석의 시는 정체를 숨김으로써 가장 오랫동안 살아남을 수 있고 가장 깊은 곳까지 들어갈 수 있는 위장의 언어다. 위장의 언어만이 끝까지 좌초되지 않는 지향의 언어가 될 수 있다. 함기석의 시는 언제나 그랬듯 이번에도 정공법으로 정면 승부한다. 세상과 그러하듯 문학과 대결하고, 시와 그러하듯 자기 자신과 대결한다. 도달점보다 높은 지향의 언어를 가진 이 뜨거운 단독자를 한국 시는 영원히 보존할 것이다.

추천의 글

조재룡(문학평론가)

함기석의 시집 『개안수술집도록』은 절망의 심연을 통과한 언어가 어떻게 다시 존재의 가능성을 향해 나아갈 수 있는지를 보여 주는 고통스럽고 눈부신 기록이다. 그는 개인의 삶과 죽음, 현대사회의 비극적 사건들을 수학과 의학의 시선으로 탐구하며 해부하고, 참혹한 땅의 과거와 현재, 국가—사회—개인의 권력관계, 아물지 못한 상처와 흉터, 그리고 이로부터 태동하는 공포와 불안을 언어 해부도로, 시로 찍은 일종의 MRI 촬영으로 담아내며, '병동 k. o. r. e. a'를 인간의 역사와 생활, 메타언어와 비평이 교차하는 다차원 텍스트로 구성해 낸다. 시인은 폭력으로 점철된 인간의 역사와 은폐된 현실의 참상들, 그 현실을 잡아먹고야 마는 초(超)현실을 차가운 광기를 통해 드러내면서, 무너진 언어와 세계 위에 몸을 던져 스스로를 해부하고, 사라진 것들과 함께 소멸해 가면서도, 마침내 그 폐허 속에서 다시 말을 건져 올리는 눈물겨운 투쟁을 우리에게 보여 준다.

함기석의 시는 어둠에 잠기지 않는다. 오히려 어둠 속에서만 얻어 낼 수 있는 진실과 마주하기 위해 그는 차가운 절제 속에 뜨거운 절규를 품는다. 플러스의 세계에 대한 회의와 배반 속에서, 마이너스의 상상력을 정교하게 작동하며, 시인은 무(無)의 중심, 저 블랙홀 속으로 스스로를 밀어 넣는 해부학 집도의가 된다. 그곳에서 시는, 더는 위로가 아닌, 있는 그대로의 고통을 집도하는 날카로운 메스가 된다. 이 단단하고 날카로운 언어의 메스를 쥐고서 시인은 묻는다. 존재는, 사물은, 죽음은, 언어는, 아니 나는…… 다시 살아날 수 있는가?

무한히 분해된 시간과 공간에서 문장은, 말이 아닌 밀도 높은 침묵 속으로 침잠하며, 그 침묵 속에서 놀랍도록 선명한 시적 진실을 발견해 낸다. 마지막에 모습을 드러내는 비평 유령 '크롬'과 '청동 늑대'는 이 시집이 비평과 메타언어, 사유의 총체적 실험장이라는 사실을 환기해 준다. 시와 비평의 경계를 허물고, 존재와 죽음의 근원적 물음을 파고드는 전위적 시의 드라마가 여기서 탄생한다. 함기석의 시는 우리 시의 극한을 실험의 언어로 모색하는 외롭고 위대한 고백이자 실패가 예정된 불가능성 속에서 깊은 고통과 빛나는 절망을 끌어안은 눈부신 트임이다.

지은이 함기석

1992년《작가세계》로 작품 활동을 시작했다. 시집『국어선생은 달팽이』『착란의 돌』『뽈랑 공원』『오렌지 기하학』『힐베르트 고양이 제로』『디자인하우스 센텐스』『음시』『모든 꽃은 예언이다』, 시론집『고독한 대화』, 비평집『21세기 한국시의 지형도』등을 출간했다. 박인환문학상, 이형기문학상, 이상시문학상 등을 수상했다.

개안수술집도록

1판 1쇄 찍음 2025년 8월 22일
1판 1쇄 펴냄 2025년 9월 5일

지은이 함기석
발행인 박근섭, 박상준
펴낸곳 (주)민음사

출판등록 1966. 5. 19. (제16-490호)
서울특별시 강남구 도산대로1길 62(신사동)
강남출판문화센터 5층 (06027)
대표전화 02-515-2000 / 팩시밀리 02-515-2007
www.minumsa.com

ISBN 978-89-374-0956-1 (04810)
978-89-374-0802-1 (세트)

* 이 책은 서울특별시, 서울문화재단 '2024년 창작집 발간지원 사업'의 지원을 받아 발간되었습니다.
* 잘못 만들어진 책은 구입처에서 교환해 드립니다.

민음의 시

민음의 시 목록

169 **타인의 의미** 김행숙
170 **귀 없는 토끼에 관한 소수 의견** 김성대
171 **고요로의 초대** 조정권
172 **애초의 당신** 김요일
173 **가벼운 마음의 소유자들** 유형진
174 **종이** 신달자
175 **명왕성 되다** 이재훈
176 **유령들** 정한용
177 **파묻힌 얼굴** 오정국
178 **키키** 김산
179 **백 년 동안의 세계대전** 서효인
180 **나무, 나의 모국어** 이기철
181 **밤의 분명한 사실들** 진수미
182 **사과 사이사이 새** 최문자
183 **애인** 이응준
184 **얘들아, 모든 이름을 사랑해** 김경인
185 **마른하늘에서 치는 박수 소리** 오세영
186 **ㄹ** 성기완
187 **모조 숲** 이민하
188 **침묵의 푸른 이랑** 이태수
189 **구관조 씻기기** 황인찬
190 **구두코** 조혜은
191 **저렇게 오렌지는 익어 가고** 여태천
192 **이 집에서 슬픔은 안 된다** 김상혁
193 **입술의 문자** 한세정
194 **박카스 만세** 박강
195 **나는 나와 어울리지 않는다** 박판식
196 **딴생각** 김재혁
197 **4를 지키려는 노력** 황성희
198 **.zip** 송기영
199 **절반의 침묵** 박은율
200 **양파 공동체** 손미
201 **온몸으로 밀고 나가는 것이다**
서동욱·김행숙 엮음
202 **암흑향暗黑鄕** 조연호
203 **살 흐르다** 신달자
204 **6** 성동혁
205 **응** 문정희
206 **모스크바예술극장의 기립 박수** 기혁
207 **기차는 꽃그늘에 주저앉아** 김명인
208 **백 리를 기다리는 말** 박해람
209 **묵시록** 윤의섭
210 **비는 염소를 몰고 올 수 있을까** 심언주
211 **힐베르트 고양이 제로** 함기석
212 **결코 안녕인 세계** 주영중
213 **공중을 들어 올리는 하나의 방식** 송종규
214 **희지의 세계** 황인찬
215 **달의 뒷면을 보다** 고두현
216 **온갖 것들의 낮** 유계영
217 **지중해의 피** 강기원
218 **일요일과 나쁜 날씨** 장석주
219 **세상의 모든 최대화** 황유원
220 **몇 명의 내가 있는 액자 하나** 여정
221 **어느 누구의 모든 동생** 서윤후
222 **백치의 산수** 강정
223 **곡면의 힘** 서동욱
224 **나의 다른 이름들** 조용미
225 **벌레 신화** 이재훈
226 **빛이 아닌 결론을 찢는** 안미린
227 **북촌** 신달자
228 **감은 눈이 내 얼굴을** 안태운
229 **눈먼 자의 동쪽** 오정국
230 **혜성의 냄새** 문혜진
231 **파도의 새로운 양상** 김미령
232 **흰 글씨로 쓰는 것** 김준현
233 **내가 훔친 기적** 강지혜
234 **흰 꽃 만지는 시간** 이기철
235 **북양항로** 오세영
236 **구멍만 남은 도넛** 조민
237 **반지하 앨리스** 신현림
238 **나는 벽에 붙어 잤다** 최지인
239 **표류하는 흑발** 김이듬
240 **탐험과 소년과 계절의 서** 안웅선
241 **소리 책력冊曆** 김정환
242 **책기둥** 문보영
243 **황홀** 허형만
244 **조이와의 키스** 배수연
245 **작가의 사랑** 문정희
246 **정원사를 바로 아세요** 정지우
247 **사람은 모두 울고 난 얼굴** 이상협
248 **내가 사랑하는 나의 새 인간** 김복희
249 **로라와 로라** 심지아
250 **타이피스트** 김이강
251 **목화, 어두운 마음의 깊이** 이응준
252 **백야의 소문으로 영원히** 양안다
253 **캣콜링** 이소호
254 **60조각의 비가** 이선영
255 **우리가 훔친 것들이 만발한다** 최문자